ANDREÏ MAKINE
L'identité problématique

Critiques Littéraires
Collection dirigée par Maguy Albet

Dernières parutions

Denis C. MEYER, *Monde flottant. La médiation culturelle du Japon de Kikou Yamata*, 2009.
Patrick MATHIEU, *Proust, une question de vision*, 2009.
Arlette CHEMAIN (Textes réunis par), *« Littérature-Monde » francophone en mutation*, 2009.
Piotr SNIEDZIEWSKI, *Mallarmé et Norwid : le silence et la modernité poétique en France et en Pologne*, 2009.
Raymond PERRIN, *Rimbaud : un pierrot dans l'embêtement blanc. Lecture de* La Lettre de Gênes *de 1878*, 2009.
Claude MAILLARD-CHARY, *Paul Éluard et le thème de l'oiseau*, 2009.
Idrissa CISSÉ, *Césaire et le message d'Osiris*, 2009.
Christine RAMAT, *Valère Novarina. La comédie du verbe*, 2009.
David N'GORAN, *Le champ littéraire africain*, 2009.
Carlos ALVARADO-LARROUCAU, *Ecritures palestiniennes francophones. Quête d'identité en espace néocolonial*, 2009.
Gabriella TEGYEY, *Treize récits de femmes (1917-1997), de Colette à Cixous*, 2009.
Christopher BOUIX, *L'épreuve de la mort dans l'œuvre de T.S. Eliot, Geroges Séféris et Yves Bonnefoy*, 2009.
Françoise J. LENOIR JAMELOT, *Stéréotypes et archétypes de l'altérité dans l'œuvre romanesque de Stendhal*, 2009.
Gisèle VANHESE, *Par le brasier des mots. Sur la poésie de Jad Hatem*, 2009.
Bénédicte DIDIER, *Petites revues et esprit bohème à la fin du XIXe siècle (1878-1889)*, 2009.
Georice Berthin MADEBE, *Francophonies invisibles*, 2009.
Krystyna MODRZEJEWSKA, *L'art de la séduction dans le théâtre français du XXe siècle*, 2009.
Ridha BOURKHIS, *Georges Schehadé. L'émotion poétique*, 2009.
Patrice GAHUNGU NDIMUNBANDI, *Angoisses névrotiques et mal-être dans* Assèze l'Africaine *de Calixthe Beyala*, 2009.
Brigitte GAUTIER (sous la dir.), *Herbert, poète polonais (1924-1998)*, 2009.

Agata Sylwestrzak-Wszelaki

ANDREÏ MAKINE
L'identité problématique

© L'Harmattan, 2010
5-7, rue de l'Ecole polytechnique ; 75005 Paris

http://www.librairieharmattan.com
diffusion.harmattan@wanadoo.fr
harmattan1@wanadoo.fr

ISBN : 978-2-296-11103-5
EAN : 9782296111035

Note sur les références

A l'intérieur des chapitres nous allons utiliser les sigles suivants des titres des romans d'Andreï Makine (ils seront suivis du folio et placés entre parenthèses dans le texte) :

CPD – *Confession d'un porte-drapeau déchu* (Gallimard, 1992)

COA – *Le crime d'Olga Arbélina* (Mercure de France, 1998)

FA – *La femme qui attendait* (Seuil, 2004)

FHUS – *La fille d'un héros de l'Union soviétique* (Gallimard, 1990)

MV – *La Musique d'une vie* (Seuil, 2001)

RE – *Requiem pour l'Est* (Mercure de France, 2000)

TFA – *Au temps du fleuve Amour* (Gallimard, 1994)

TCJD – *La terre et le ciel de Jacques Dorme* (Mercure de France, 2003)

TF – *Le Testament français* (Mercure de France, 1995)

Remerciements

Tous mes remerciements vont à M. Józef Kwaterko de l'Université de Varsovie dont la bienveillance et les remarques précieuses m'ont guidée dans la rédaction de cet ouvrage ; à Mme Véronique Porra de l'Université Gutenberg de Mayence dont les propos m'ont insufflé plusieurs idées liées à l'œuvre d'Andreï Makine; à Andreï Makine dont les romans m'ont profondément inspirée ; à mes parents et mon mari dont le soutien, l'indulgence et la foi m'ont permis de mener ce travail à terme.

A la mémoire de mon Grand-père

Introduction

Andreï Makine est un écrivain contemporain de langue française, né en Russie en 1957, mais établi en France depuis 1987 et naturalisé Français depuis 1996. Il écrit surtout des romans, pénétrés d'éléments culturels russes. Dans son univers romanesque se rapprochent la culture occidentale et la tradition est-européenne, l'attirance pour la culture et l'appel de la nature, le passé perpétué par les récits des ancêtres et l'image de la condition actuelle du monde occidental. Dans l'écriture de cet auteur vivant à l'Occident, mais venant de l'Est, on retrouve l'Europe et l'Asie, les régimes totalitaires écroulés et les démocraties contemporaines. C'est pourquoi, cette écriture intrigue les lecteurs vivant, comme nous, à la frontière de l'Occident et de l'Est et qui sont familiers de ces deux univers. Andreï Makine nous a semblé intéressant à cause de la filiation nationale et culturelle et de sa biographie qui trace le passage de la Russie communiste à une France démocratique.

L'atmosphère de la rencontre entre l'Est européen et la France est proche de celle qui nous est connue de notre propre expérience de francophile, admiratrice de la langue et de la culture françaises. La problématique de l'identité, tendue entre l'Occident et l'Est européen, nous est connue aussi à cause de notre situation personnelle. Après que notre grand-mère d'origine polonaise, née en France et mariée à un Polonais, s'est établie en Pologne après la Seconde Guerre mondiale à l'âge de vingt ans, notre famille a été exposée aux problèmes de la double appartenance, occidentale (française) et est-européenne (polonaise). Il n'est pas à négliger que le personnage de grand-mère originaire de France, comme la nôtre, joue un rôle important – celui de passeur entre les cultures – dans l'univers romanesque makinien.

L'œuvre de Makine, consacrée par plusieurs prix littéraires en France, a suscité de nombreux commentaires sur l'appartenance linguistique, et, par conséquent, culturelle et identitaire de l'auteur. Pour certains il est un écrivain français d'origine russe, pour d'autres – un Russe écrivant en français. Il subsiste aussi l'opinion, que nous ne partageons pas, selon laquelle l'écrivain, surtout au début de sa carrière, a glorifié la culture française pour s'introduire dans le panthéon des auteurs du pays des Lumières ou, au moins, pour s'assurer la naturalisation en France.

Il nous semble que le rapport de Makine à la France et à la Russie, et aux langues et cultures respectives, est beaucoup plus complexe. Compte tenu de l'engouement traditionnel des Français pour la Russie et des Russes pour la France, Makine se trouve dans une situation fragile entre ces deux passions qui sont aussi les siennes. Cette relation entre l'écrivain et ses deux patries est décisive pour son parcours biographique ; elle détermine également la condition identitaire de ses héros et la représentation de l'espace-temps dans ses romans.

L'objectif principal de ce livre sera d'examiner le statut de l'identité interculturelle du héros makinien et cela dans une double perspective : langagière et mémorielle. Car c'est à travers la langue et la mémoire que s'articulent les appartenances culturelles et que sont éprouvées les tensions identitaires dont nous parlons.

L'œuvre de Makine semble aussi importante dans le contexte de la situation actuelle de la France. L'écrivain n'hésite pas à se prononcer de façon claire sur la condition de la France contemporaine. Sa voix est pleine de respect pour les valeurs et les traditions symbolisées par sa deuxième patrie, mais il est prêt aussi à critiquer la France et les Français. Il prend une attitude particulière envers son pays d'adoption : en tant qu'écrivain immigré, naturalisé

Français, il est parfois conservateur dans ses opinions sociales et se montre adversaire du *politiquement correct*. Mais son point de vue de l'*autre*, porté par un humanisme sincère et appuyé sur une grande culture générale, apparaît comme profond et nuancé.

Considérons la place de Makine dans l'univers littéraire de langue française. Pour approcher les œuvres littéraires écrites en français par des auteurs non français, il faut tenir compte d'une évidence, à savoir que cette production ne constitue pas un tout homogène. Parler d'une littérature francophone (au singulier) serait négliger le caractère très diversifié de la création littéraire en cette langue, qui dépend de nombre de facteurs, entre autres de l'origine de l'auteur, de son expérience biographique et du contexte de son énonciation.

Les aires culturelles francophones peuvent être délimitées de plusieurs manières. Si la francophonie est divisée selon les continents et les régions où le français est parlé, les aires francophones étudiées sont : le Québec, l'Afrique noire, le Maghreb, Madagascar, le Liban, la Caraïbe, ainsi que la Belgique et la Suisse. A partir de ce classement on peut adopter un critère de regroupement plus précis : celui de la situation du français dans des pays francophones autres que la France. Elle est variée, en fonction de la relation géographique, du rapport historique et politique de diverses régions à la France : dans les états ou régions dont le français est la langue maternelle (Québec, Suisse romande, Belgique) ; dans les pays ou régions créolophones (Caraïbes, Guyane, Mascareignes, Louisiane) ; dans les pays ou régions où le français est langue de communication, officielle ou non (Afrique noire, Madagascar, Maghreb, Liban) ; dans les pays ou régions où existent des « survivances francophones » (Vietnam, Cambodge, Laos, Syrie, Polynésie, Nouvelle-Calédonie) (Moura 30–31).

Il faut ajouter que les problématiques des littératures émergées après 1960 des pays anciennement colonisés par la France ne coïncident guère avec celles des littératures francophones plus anciennes, européennes ou américaines. Pensons, par exemple, aux littératures belge ou suisse romande qui ne peuvent pas être rangées parmi les littératures émergentes. Il en va de même pour la littérature francophone du Québec et des Antilles qui atteint son essor et son développement institutionnel depuis le début du XXe siècle. C'est pourquoi on parle *des* littératures francophones et non de *la* littérature francophone. Pour certains chercheurs le caractère des littératures francophones exige encore plus de précision. L'appellation « les littératures d'expression française » leur semble plus convenable que celle de « littératures francophones », car elle souligne le rapport particulier de ces littératures avec le français qui conditionne et fonde leurs écritures.

Comme nous l'avons mentionné, la production littéraire francophone est d'habitude regroupée en aires culturelles selon l'origine des auteurs venus soit des anciennes colonies françaises, soit des régions qui ont connu la colonisation ou la domination culturelle française. Or, ce critère de classement néglige un groupe considérable d'écrivains francophones : des auteurs originaires de l'Europe, autres que belges et suisses, parfois désignés comme écrivains francophones d'Europe non francophone. D'habitude, les œuvres des romanciers francophones russes, albanais, grecs, roumains, bulgares ou autres ne sont pas considérées par les spécialistes comme un corpus littéraire cohérent, contrairement à la littérature francophone du Maghreb ou celle du Québec. Par exemple, Henri Pageaux désigne l'œuvre de Milan Kundera comme la « francophonie réduite à un individu » (3) tandis que Robert Jouanny donne significativement le titre *Singularités francophones* (2000) à son ouvrage consacré aux auteurs francophones de l'espace non francophone. Selon lui, ces écrivains ne peuvent pas être traités comme un groupe cohérent, parce que le fait d'écrire en français est la seule chose qu'ils ont en commun. Il les oppose ainsi aux écrivains issus des aires francophones postcoloniales qui partagent les mêmes expériences linguistiques, culturelles et politiques. Pour sa part, Michel Beniamino se demande s'il est possible, « [...] de parler de la 'francophonie d'Europe centrale et orientale' au simple prétexte de Milosz, d'Istrati, de Kundera ou d'Agota Kristof ? Et de quelle francophonie s'agit-il ? » (*La francophonie* 25).

Comment expliquer cette hésitation à légitimer la littérature francophone d'Europe non francophone ? On admet volontiers que les espaces francophones sont ceux qui ont connu la colonisation française. À cause du passé colonial, le rapport au français des écrivains issus de ces espaces géopolitiques est problématique : les peuples colonisés ou dominés par la France se révoltaient contre une langue perçue comme imposée qui est devenue, pourtant, leur outil d'expression important. Or, la situation du français en Europe non francophone, laquelle n'a pas connu de colonisation française, est tout à fait différente. Les francophones européens n'ont été forcés à s'exprimer en français dans aucune circonstance, ils n'ont connu aucune oppression liée au français. En ce sens, si l'on désigne comme « francophones » uniquement les aires des anciennes colonies françaises, les écrivains francophones européens ne sauraient être englobés dans cette catégorie.
Pourtant, un grand nombre d'écrivains de l'Europe non francophone qui ont choisi le français comme langue d'expression échappent au statut de simples « singularités francophones ». On pense notamment à Milan Kundera, Vassilis Alexakis, Romain Gary, Jorge Semprun ou Agota

Kristof. Leur situation d'ensemble témoigne de plusieurs régularités et ressemblances qui permettent de les considérer comme un groupe relativement cohérent. Tout d'abord, parce que ces écrivains associent un imaginaire particulier à la langue française. Originaires de l'Europe centrale, orientale ou du Sud-Est européen, ils partagent les mêmes expériences : la plupart d'entre eux sont slaves et ont subi l'influence du communisme ou du fascisme. D'où, dans bien des cas, leur tendance à associer imaginairement au français la liberté d'expression. Le discours de ces auteurs est marqué aussi bien par le « refus de la contrainte et de l'oppression (une sorte d'esthétique de la négation) » que par une « esthétique de la mémoire », exprimée par « l'amour et la nostalgie du pays d'origine qui vient se conjuguer avec l'évocation du pays d'accueil, la France » (Porra, *Langue française* 42).

Un autre dénominateur commun rapproche ces auteurs et les distingue du même coup de la production francophone postcoloniale : l'action de l'Alliance française. Grâce à ses activités éducatives et culturelles dans beaucoup de pays européens, celle-ci leur aurait greffé la vision du français comme langue des droits de l'homme[1].

La diffusion de la langue française dans l'Europe centrale et orientale a une longue tradition ; elle traduit le besoin des Européens de cette partie du monde d'utiliser le français. Dans le passé, la pénétration de la langue française en Europe centrale, orientale ou du Sud avait un caractère non conflictuel et pacifique. Au Moyen Âge, cette langue y fut parlée et écrite pour des raisons religieuses et commerciales. Au XVIIIe et au XIXe siècles, on attribuait au français le potentiel révolutionnaire et

---

[1] Les auteurs en question sont pour la plupart nés entre 1920 et 1960, donc dans la période de l'offensive de l'Alliance française.

intellectuel. Enfin, au XXe siècle, le français a gagné le statut de langue de résistance face au russe et à l'allemand, deux langues associées aux régimes totalitaires : le fascisme, culminant en Seconde Guerre mondiale, et le communisme imposé après 1945 dans la plupart des pays de la région (à ces régimes totalitaires on pourrait ajouter aussi, par exemple, la dictature militaire des colonels en Grèce). Depuis le XVIIIe jusqu'à la fin du XXe siècle, cette résistance a donné naissance, en Europe centrale et orientale, à une littérature importante en langue française.

À ces facteurs politiques il faut ajouter la perception spécifique de la langue française dans certains pays européens résultant de leur passé historique. À titre d'exemple, en Roumanie, l'attirance pour le français remonte à Napoléon Bonaparte qui contribua à l'unification des principautés roumaines. Le français et la culture française ont été intégrés par l'identité culturelle roumaine. Les écrivains roumains se sentaient étrangers en Europe, étant entourés de pays et de peuples qui n'étaient pas latins comme eux. Le français les rapprochait donc à l'Europe. Le nombre d'écrivains roumains qui ont adopté le français atteste l'importance du phénomène ; on peut citer parmi ceux-ci Emil Cioran, Eugène Ionesco, Mircea Eliade, Benjamin Fondane, Vintila Horia, Gherassim Luca, Panaït Istrati, Tristan Tzara et d'autres.

Parmi les écrivains de l'Europe non francophone qui ont choisi le français comme langue d'expression Andreï Makine a particulièrement attiré notre attention et c'est à lui que cet ouvrage est consacré. La situation linguistique de l'écrivain constitue notre point de départ. Nous allons analyser surtout les rapports entre ses deux langues – le russe et le français – et son identité, travaillée par l'hétérogénéité même de la mémoire et de l'espace-temps. Le bilinguisme façonne l'identité et engendre le dédoublement mémoriel et spatio-temporel propre aux héros-narrateurs de romans makiniens aussi. Ces deux questions seront étudiées à partir des romans *Au temps du fleuve Amour, Le Testament français, Le crime d'Olga Arbélina, La Musique d'une vie, Requiem pour l'Est, La terre et le ciel de Jacques Dorme* et *La femme qui attendait*, ainsi que l'essai *Cette France qu'on oublie d'aimer*.

Dans le premier chapitre de ce livre centré sur la problématique de la langue (« La langue et ses représentations dans l'œuvre d'Andreï Makine ») nous examinerons le rapport entre les deux langues mentionnées à travers différents procédés linguistiques : le dédoublement effectif ou imaginaire des langues, les procédés intertextuels, la stylisation et l'hybridation de la parole. L'analyse portera aussi sur l'imaginaire véhiculé par les deux langues : le russe et le français chez Makine s'aimantent fortement au niveau imaginaire bien qu'au niveau linguistique, le français employé par le romancier reste assez classique.

Dans le deuxième chapitre, « La mémoire des origines chez Andreï Makine », nous examinerons le processus de la reconstruction mémorielle de l'histoire personnelle et de l'identité du narrateur. Le héros-narrateur typique des romans de Makine est un écrivain fictif en exil ; il se propose, à travers sa création littéraire, de reconstruire sa vie et de mettre au jour la question de sa double appartenance. Évidemment, le problème du genre littéraire apparaîtra à ce niveau : comment le matériau biographique est-il géré fictivement chez Makine ? Dans cette partie centrée sur la question de la recherche des origines, seront interrogés différents types de mémoire qui contribuent ainsi à la recréation de l'identité narrative du héros : mémoire autobiographique, individuelle, collective et celle que l'on pourra appeler « interculturelle ».

Le troisième chapitre, « La représentation de l'espace-temps chez Andreï Makine », sera consacré à l'espace-temps de l'univers représenté dans les romans de notre écrivain. Il s'agit aussi bien de l'espace-temps de la Russie d'une certaine époque que de celui de l'émigration et de l'exil de l'auteur et de ses avatars fictifs. L'univers romanesque de Makine est strictement lié à un espace et à une période de l'histoire ; le problème identitaire du héros makinien ressort en grande partie de la confrontation de la Russie soviétique des années 1950-1980 avec l'Occident européen. Cette confrontation trouve sa concrétisation le plus souvent en certains personnages féminins d'origine française qui « transportent » avec eux en Russie leur langue et leur culture. Aussi, les héros immigrés d'origine russe comparent-ils sans cesse leur pays d'immigration avec leur pays natal, délaissé. Le régime politique et la fermeture des frontières de l'Union soviétique s'avèrent souvent déterminants pour la vie de ces héros.

Dans ce livre, nous essayons de démontrer que les tensions identitaires éprouvées par les héros makiniens, qui résultent de la double appartenance de l'auteur, sont dues à l'écart culturel entre la France (ou, plus largement, l'Occident européen) et la Russie dans des époques différentes. La Russie représentée par Makine est celle des temps de son enfance (après la Seconde Guerre mondiale), tandis que l'image de la France, construite surtout à l'appui des récits des personnages et des lectures des ouvrages du passé, reflète le pays du début du XXe siècle. Il s'agit donc des deux pays qui n'existent plus. Ce manque amène l'auteur à recréer l'univers de ses souvenirs, défi qu'il relève avec force. En se représentant par la mémoire ces deux pays, l'écrivain puise, d'un côté, dans son imagination et ses souvenirs, et, de l'autre, dans les belles lettres, ce qui génère le caractère fortement intertextuel des images des deux pays. Cette superposition du réel et du fictif permet de voir l'œuvre makinienne dans la perspective postmoderne, avec tout ce que celle-ci implique au niveau narratif : l'éclatement identitaire des héros-narrateurs, le morcellement spatiotemporel ou l'autoréférentialité. Mais surtout, il nous semble que les romans de notre auteur offrent un vaste champ à l'analyse de la problématique de l'altérité en littérature, de la rencontre avec l'*autre* et du contact des langues et des cultures. C'est par la rencontre entre soi et l'*autre* que les héros makiniens se frayent leurs chemins existentiels et que se négocie véritablement leur identité.

La langue et ses représentations dans l'œuvre d'Andreï Makine

L'adoption du français par Makine : une visée stratégique

Andreï Makine est un écrivain d'origine russe qui écrit en français. Puisque le français n'est pas sa langue maternelle, la question des motifs de ce choix se pose immédiatement. Pour pouvoir y répondre, il faut se pencher d'abord sur la nature de ses liens avec la France. Si l'on admet, à l'instar de plusieurs critiques et chercheurs, que *Le Testament français* (1995) est un récit aux traits autobiographiques, la première raison de ce choix paraît toute simple : il s'agit du bilinguisme familial. L'écrivain affirme d'ailleurs l'importance du bilinguisme et de la transmission de la culture française dans sa famille par la voix du narrateur du *Testament français* : « Quant au français, nous le considérions plutôt comme notre dialecte familial, [...] argot intime [...] patois domestique » (*TF* 41–42).

Selon l'optique biographique du roman, l'écrivain a assimilé cette appartenance française suite à une éducation affective qu'il a reçue de la part de sa grand-mère, Charlotte. Tel qu'on le voit d'après le texte, le héros-narrateur subit une relative acculturation à travers la littérature française ainsi que les récits et les anecdotes racontés par Charlotte Lemonnier. Selon Robert Jouanny, « [...] c'est l'affectivité qui détermine le choix initial : il doit à une grand-mère normande, venue se perdre au fond de la Sibérie au côté d'un époux cosaque, et à ses commentaires mélancoliques de vieilles photos, d'avoir senti palpiter en lui 'telle greffe fabuleuse [...] couverte déjà de feuilles et de fleurs, portant en elle le fruit de toute une civilisation, [...] le français' » (32). De cette façon, le héros hérite certains mythes fondateurs français, tels que la IIIe République, la « République des Lettres » où apparaissent José Maria de Heredia, Maupassant ou Proust, le bien vivre et bien manger (vin, fromages, grenouilles), l'amour passionnel (la mort du président Félix Faure dans les bras de sa maîtresse), la Révolution française ou la bataille de Verdun. Le jeune garçon assimile de façon fervente toutes ces images qui le fascinent et qu'il insérera par la suite dans son récit de vie fictif.

L'identité narrative, cernée par cet univers de références et exprimée en français, aidera le narrateur de Makine à raffermir sa personnalité. Dans *Le Testament français,* la langue française s'impose non seulement comme moyen de transmission des contenus et valeurs déterminant l'identité du héros-narrateur, mais aussi comme un thème prépondérant, associé à l'héritage grand maternel au sens existentiel, culturel et poétique. Le roman raconte la venue du héros à l'écriture en français et si l'on considère comme autofictif le récit sur l'initiation de l'auteur au français, il est clair qu'il ne peut être écrit qu'en français.

Si l'on se penche sur la biographie de Makine lui-même, en dehors du *Testament français,* il nous faut rappeler un fait saillant : pendant son adolescence, l'écrivain a été scolarisé en russe et a connu le langage de la propagande soviétique. Mais à partir de l'âge de trois ans, il a appris le français qui lui paraissait éloigné du régime soviétique et de sa réalité, donc libre de toute manipulation idéologique. Andreï Makine serait aussi un « produit » de l'Alliance française, active en Union soviétique dans la deuxième moitié du XXe siècle. Le français, propagé par cette institution, véhiculait les idéaux liés aux droits de l'homme. Evidemment, *Le Testament français* est porteur de cette vision libératrice associée au français, celle qui sauve le héros-narrateur de la brutale réalité quotidienne de l'Union soviétique de son enfance. Le caractère du russe, langue de tous les jours, constitue une autre raison de l'adoption du français comme langue d'expression littéraire. Jusqu'à l'âge de trente ans, Makine a vécu en Union soviétique, entouré par la langue et la culture russes. Comme sa vie quotidienne se déroulait en russe, le français a pris par contraste la valeur d'un langage littéraire par excellence. En l'adoptant comme langue d'expression, l'écrivain s'est donc forgé un outil avec lequel il pouvait créer son propre univers imaginaire. Ce partage des fonctions des deux langues est visible dans le texte de ses romans, où en russe sont souvent énoncés des messages simples, concrets et parfois grossiers, associés à la réalité banale, étrangère au registre littéraire ; le français devient alors la langue la plus appropriée à la création romanesque. Le français a permis à Makine de prendre de la distance avec son vécu russe, mais aussi de le traduire et de le transposer pour en faire une matière romanesque.

  L'écrivain a certainement connu l'écart entre le français soutenu, littéraire et le français parlé, contemporain. Il a appris cette langue « grand maternelle » (*TF* 17) surtout en lisant la littérature française. Pendant sa jeunesse passée en Union soviétique (les années soixante, soixante-dix et quatre-vingt du siècle dernier, jusqu'à son départ pour la France en 1987), il se heurtait aux difficultés d'accès aux romans contemporains français, donc il a eu recours aux auteurs classiques. D'où, peut-être, la forme assez classique du français qu'il écrit.

  La question du public n'est certainement pas à négliger dans les réflexions sur les raisons de l'adoption du français par Makine. Le caractère présumé universel de la langue française incite de nombreux écrivains dont les langues maternelles sont périphériques ou peu connues à s'exprimer dans une langue lue et parlée par un public plus grand. Il semble compréhensible que Makine, une fois établi en France, se soit mis à écrire en français. Or, la critique française persiste à voir en Makine un Russe, francisé et « civilisé » certes, mais toujours exotique. En général, la critique réagit à la prose de Makine de façon favorable, mais elle exige qu'il soit « autre », différent. Il est accepté en tant que Russe, à la fois exotique et répondant aux clichés français à l'endroit de la culture russe. Selon certains chercheurs, Makine aurait su profiter de cet accueil en réconfortant l'image que les Français se font de lui : il aurait ainsi accepté le rôle du « bon Russe » au lieu de vouloir à tout prix devenir Français pour, finalement, intégrer le champ littéraire français[1]. En 1995, après l'attribution du prix Goncourt, la critique cherchait encore à trancher si Andreï Makine était un écrivain russe de langue française ou un romancier français d'origine russe. Jusqu'à nos jours, le public français, tout comme une bonne part des critiques, croit encore fermement qu'il est Russe, bien qu'il soit depuis mars 1996 naturalisé français.

      La perception de Makine en France est, bien sûr, liée à l'emploi de certaines stratégies littéraires particulières qui visent à la reconnaissance de son œuvre dans le champ institutionnel français, y compris la consécration par les prix littéraires : rappelons qu'en 1995, il a gagné le Prix Goncourt et le Prix Médicis pour *Le Testament français*. Parmi ces stratégies, l'adoption du français comme langue d'expression littéraire constitue

---

[1] Comme l'indique Véronique Porra, la première demande de naturalisation de Makine a été rejetée. C'est seulement après l'attribution du Prix Goncourt qu'il a été naturalisé français. (Porra, *Un Russe*).

l'ouverture vers le public français et l'incitation à la lecture. En outre, l'écrivain intègre dans son œuvre des éléments fictifs autant que non fictionnels, relatifs aux littératures et aux réalités française et russe, et ainsi les ancre-t-il dans le champ littéraire français. Il semble pourtant que son originalité consiste à démontrer son autonomie relative à l'intérieur de ce champ.

Makine écrit en français, mais le russe transparaît souvent à travers cette langue. Dans ses récits, il n'y a pas de passages ni de dialogues écrits directement en russe – Makine ne ressemble pas en cela aux grands écrivains russes du XIXe siècle qui intercalaient de longs fragments en français dans leurs romans. Il écrit toute son œuvre dans sa langue adoptive. Le lecteur tombe pourtant sur des mots russes particuliers, noms ordinaires ou noms propres, représentés avec ou sans guillemets. L'écrivain emploie d'habitude ce que Dominique Combe appelle « des emprunts », c'est-à-dire « des syntagmes empruntés à la langue des personnages ou à sa langue natale. L'emprunt est souvent motivé par le référent lui-même, inconnu de la culture française – ou lorsque la désignation en est intraduisible » (Combe 140). Dans le seul *Testament français,* l'auteur emploie maints mots russes mis en italique, entre ou sans guillemets, comme *dérevnia, dérévo* (44), « tsar » ou царь (66), *La Pravda* (126), « samovar » (144), *kholodets* (207), koulak (337), « *tekhnars* » (223), *fortotchka* (225), « saïgak » (268), *tsvetok* (271), « babouchka » (272), ainsi qu'une multitude de noms propres qui désignent des personnages russes. Ces emprunts servent à marquer des phénomènes propres à la réalité russe ; même si l'histoire est racontée en français, le narrateur ne peut pas se passer de certains noms russes.

Dans sa vie, ainsi que dans son œuvre littéraire, Andreï Makine se positionne toujours par rapport à ses deux langues, le russe et le français, sans qu'aucune d'elles ait le dessus sur l'autre de façon manifeste. Il faut ici tenir en considération que Makine a appris le français dès l'âge de trois ans et que cette langue l'accompagne pendant toute sa vie pour devenir celle de son expression littéraire ; son statut est donc très proche de celui de la langue maternelle.

À considérer la biographie de Makine, la question de la langue maternelle ne se pose pas : il s'agit bien du russe. Mais au niveau de la relation de l'auteur envers ses langues et de l'imaginaire qu'il leur attribue, elles peuvent être envisagées comme égales. Cependant, Makine peut être traité comme l'un des écrivains qui cherchent à débusquer leur langue d'origine parmi les langues qu'ils ont appris et dans lesquelles ils ont vécu, tels que Claudio Magris, Georges Steiner ou Elias Canetti.

Avant de passer aux fonctions des langues particulières chez notre auteur, il faut encore souligner une autre ressemblance entre Makine et certains écrivains plurilingues. Il s'agit de l'incarnation de la langue étrangère par la mère du héros. Il s'agit, par exemple, de Romain Gary qui a acquis le français avec toute une charge affective qui lui a été transmise par sa mère. De même, Elias Canetti a été obligé par sa mère d'apprendre l'allemand, langue dans laquelle celle-ci s'entretenait avec son mari, le père d'Elias. Cette langue, que le garçon déteste au début, gagne un statut ambigu puisque la mère veut que son fils remplace son mari par le fait même de parler en allemand, et cela avant que Canetti, déjà adulte, tombe lui-même amoureux de l'allemand dans lequel il écrira toute son œuvre romanesque. Chez Makine, la mère manque visiblement. Pourtant, c'est la grand-mère ou une autre femme âgée qui prend soin du jeune héros et lui apprend la langue étrangère, le français, investi d'une forte charge émotionnelle. Cette situation apparaît comme une variante de la symbolisation d'une langue étrangère par la mère du héros, situation qu'on retrouve chez d'autres écrivains.

Fonctions des langues et commutation des codes

Comme il vient d'être constaté, au moins deux langues nationales apparaissent dans chaque roman de Makine, le français et le russe, auxquels se joint parfois l'anglais. Des mots ou expressions russes s'incrustent parfois dans le discours du héros-narrateur. Comme la narration des romans est faite en français, les dialogues effectifs entre personnages makiniens sont transcrits en français aussi. Pourtant, il découle du contexte que certains personnages communiquent en russe. Parfois, le narrateur désigne explicitement ceux qui s'expriment en russe ; parfois, c'est le lecteur qui perçoit la présence sous-jacente de cette langue dans la narration.

Occasionnellement, en dehors de ces deux langues, le romancier recourt aussi à l'anglais et à l'allemand. Par exemple, les protagonistes du *Requiem pour l'Est* dont l'action se noue dans un milieu pluriethnique du Yémen, parlent russe et anglais. Un jour, lorsqu'on demande au héros – médecin militaire russe – d'interpréter des tractations entre un Français et un Yéménite, il redécouvre la langue française qu'il avait apprise dans son enfance et qu'il n'avait pas utilisée depuis. L'anglais apparaît aussi vers la fin du roman, lorsque le héros se rend aux États-Unis pour trouver Val Vinner, l'homme responsable de la mort de sa partenaire espionne. Alors, la conversation entre les deux Russes est parsemée de mots anglais, figurés en italique dans le texte, tels que « *spring break* » ou « *sweet dreams* ». Une autre langue, l'allemand, apparaît occasionnellement dans tous les romans de Makine dans lesquels il est question de la Seconde Guerre mondiale.

Toutefois, les deux langues principales dans les romans makiniens restent le français et le russe. Ce dédoublement fait penser à la « diglossie », donc situation d'une société où deux ou plusieurs codes sont utilisés de façon non conflictuelle dans les communications internes (par exemple : en Suisse, à Haïti ou en Grèce). Or, dans cette relation diglossique, les deux langues ne sont pas équivalentes, mais superposées : une langue supérieure appelée H (*high*) est utilisée dans la communication concernant la culture (par exemple le culte religieux ou l'enseignement), et une langue L (*low*) est employée dans la communication quotidienne en famille, à la maison ou dans le milieu du travail manuel. Il semble à première vue que chez Makine le français fonctionne comme la langue H (elle renvoie à la culture, notamment à son aspect mythique), et le russe comme la langue L (elle renvoie au quotidien). Pourtant, cette figuration des deux langues ne dégage pas entièrement les mécanismes d'identification fondés sur la langue dans les romans de notre auteur. Ainsi dans *Le Testament français*, le héros-narrateur appelle le français « notre dialecte familial » et « patois domestique » (*TF* 41), ce qui lui attribue le caractère de la langue L. Par contre, c'est en russe que le héros est scolarisé, bien que cette éducation soit estimée comme manipulatrice. Mais, nous allons le voir, le russe fait aussi appel à la littérature russe – il possède donc des traits de la langue H.

Un autre modèle de catégorisation des langues, basé sur des critères linguistiques, sociologiques, historiques, ethniques et culturels à la fois, semble plus apte pour l'analyse de ces langues. Selon ce modèle, pour une aire culturelle donnée, on peut distinguer quatre types de langages :

vernaculaire – désignant la marque de l'appartenance à un groupe. D'habitude c'est le langage territorial, local, parlé spontanément. C'est aussi le seul langage qui peut être considéré comme langue maternelle. Il semble que le langage vernaculaire serve plutôt à assurer la possibilité d'identification à un groupe qu'à communiquer avec celui-ci.
véhiculaire – désignant le langage dont le rôle est de communiquer avec l'entourage. On l'utilise, l'apprend et le pratique à l'école. Son rôle est plutôt pragmatique. Le langage véhiculaire se veut neutre, urbain, objectif et appartenant à tout le monde.
référentiaire – désignant le langage de la culture. Il assure une référence au passé et aux œuvres du passé qui constituent les fondements d'une communauté. Il englobe proverbes, dictons, littérature et rhétorique. C'est la langue nationale qui a le caractère référentiaire.
mythique – désignant le langage spirituel ou religieux, la « magie verbale ». Il est en rapport avec l'éternité. Il se place *au-delà* du contemporain, du rationnel et du compréhensible. C'est le langage sacré, une instance supérieure, située à l'horizon des cultures, qui ressort du rêve (Gobard 32–37).

Ces quatre types de langages peuvent être définis aussi dans le cadre spatiotemporel. Le langage vernaculaire se réfère à *ici* et *maintenant*, le véhiculaire – à *partout* et *plus tard*, le référentiaire – à *là-bas* et *jadis*, et le mythique – à *au-delà* et *toujours*.

En effet, il semble que dans tous les romans makiniens dont l'action se passe en Union soviétique, le russe ait la valeur de la langue véhiculaire : on l'apprend à l'école et elle sert à communiquer avec l'entourage. Après le retour des vacances chez la grand-mère, Charlotte, les héros du *Testament français* reprennent leur vie quotidienne : « le russe redevenait la langue courante, l'école nous formait sur le moule des jeunes soviétiques modèles » (*TF* 65). Par antithèse, le français – langue « grand maternelle » – devient le langage vernaculaire. En ce sens, le russe, se trouvant « partout », prend le rôle du langage référentiaire (national), tandis que la langue des Lumières se manifeste par sa dimension mythique.

Pourtant, chez Makine cette répartition n'est ni univoque ni exhaustive. Certainement, le français est la langue la plus intime du héros makinien ; on le voit surtout dans *Le Testament français, Requiem pour l'Est, La terre et le ciel de Jacques Dorme*, romans que la critique considère comme une trilogie ; le héros apprend le français très tôt dans son enfance ou simultanément avec le russe qui joue le rôle du langage véhiculaire. Pourtant, dans *Le crime d'Olga Arbélina*, le français se positionne différemment par rapport aux autres langues : il sert à communiquer avec l'entourage et fonctionne donc comme le langage véhiculaire.

Chez Makine, le statut du langage référentiaire n'est pas univoque non plus. D'un côté, le russe est la langue nationale du héros de la trilogie. De l'autre, le français, qui évoque le passé admirable de la France, est le langage de la culture par excellence. Toutefois, aussi bien le russe que le français renvoient aux grandes œuvres littéraires du passé ou aux événements historiques mémorables. Cette ambiguïté laisse croire que le russe, contaminé par l'idéologie soviétique, n'est peut-être pas une référence crédible pour les héros de Makine. Bien qu'ils communiquent en russe et qu'ils soient conscients de la continuité de l'histoire russe, c'est le français qui leur signale le plus souvent un fond culturel commun.

Le français renvoie aussi aux premiers souvenirs ou au passé mythique et légendaire. Par exemple, dans *Requiem pour l'Est* et dans *Le Testament français,* les premiers souvenirs du héros enfant sont liés à la langue française. Dans *La terre et le ciel de Jacques Dorme,* c'est dans les livres français que le héros cherche ses origines : « Je cherchais dans mes lectures ce dont j'étais privé. L'attachement à un lieu (celui de ma naissance était trop indéfini), une mythologie personnelle, un passé familial » (*TCJD* 61). La quête paraît fructueuse : « Le sentiment d'être enfin chez soi se mêlait imperceptiblement à cette langue étrangère que j'apprenais » (*TCJD* 49). Toutefois, la situation est différente dans *Le crime d'Olga Arbélina* où le russe devient le langage référentiaire. Il s'agit là d'un russe issu du passé, un russe « noble », libre des clichés discursifs soviétiques. L'héroïne, Olga est une ancienne princesse qui a été obligée de quitter la Russie et d'immigrer en France à cause de ses origines. Son passé russe et la vie culturelle de l'époque de sa jeunesse constituent toujours des références importantes pour elle.

Dans la « trilogie », ainsi que dans *Au temps du fleuve Amour,* le français prend le rôle du langage référentiaire et mythique : il connote la langue de la culture, celle qui permet d'imaginer une vie et un univers différents du quotidien. Le français a la capacité de la « magie verbale », il est « éternel » et « sacré » (*TF* 43). Associé le plus souvent au passé, ce français maîtrisé par le héros makinien s'éloigne du registre contemporain ; en général, il vient d'une époque ancienne et il est transmis aux héros par l'intermédiaire d'une femme âgée. C'est aussi le trait caractéristique du français manié par l'auteur lui-même dans ses articles et interviews. Il n'est donc pas étonnant que la critique et les lecteurs considèrent le français de Makine comme « classique ».

Ce jeu de langues est peut-être le plus tangible dans *Requiem pour l'Est* où l'action se passe dans plusieurs pays et sur plusieurs continents. Le russe y joue le rôle du langage vernaculaire et référentiaire, l'anglais a une valeur véhiculaire, tandis que le français, mythique. Les protagonistes principaux sont tous des Russes qui ont un fond culturel commun. Dispersés à travers le monde, ils communiquent avec l'entourage en anglais, tandis que pour le héros-narrateur, le français reste la langue sacrée et éternelle.

Toutefois, quelle que soit la répartition effective des langues chez Makine, le français est généralement doté du caractère mythique et, souvent, référentiaire. Cela correspond à l'attitude admirative de l'auteur envers cette langue, lorsqu'il parle, par exemple, de « la puissance avec laquelle le français s'empare du réel pour le penser, le clarifier, le transformer, oui, cet effort herculéen s'illustre aussi dans les sciences naturelles, dans l'histoire, la théologie, l'art oratoire, le droit » (Makine, *Cette France* 61). D'autre part, la position du français comme langage vernaculaire est également complexe : dans *Le Testament français,* aussi bien que dans *Requiem pour l'Est* et *La terre et le ciel de Jacques Dorme,* sans oublier *Au temps du fleuve Amour*, les personnes les plus proches du héros parlent français qui est porteur des valeurs indiscutables dans ce milieu et qui devient ainsi leur marque d'identification. Cette double répartition renforce l'appartenance française du héros makinien et de l'écrivain lui-même. Il faut noter à cet égard que le héros-type makinien, un adolescent soviétique, est d'habitude issu d'une famille russe sans ascendance française ; le « sang français » ne coule donc pas dans ses veines. Le choix de la langue et de la culture française apparaît alors davantage comme une décision indépendante et délibérée, et moins comme un simple résultat du poids de la biographie familiale. Pour Makine, opter pour le français en tant que langue identitaire est un acte libre et libérateur ; il peut être comparé à une deuxième naissance, mais dans une langue et une culture d'adoption, tout comme l'arrivée de l'écrivain en France où, dès le début, il a été obligé de refaire sa vie.

Situation de l'entre-deux

Comme nous l'avons vu, l'œuvre d'Andreï Makine se situe au contact de deux langues et deux cultures différentes qui s'unissent dans une seule identité hybride. Dire « au contact » nous semble plus pertinent qu' « à la frontière » ; souligner les différences entre ces cultures au détriment des ressemblances implique une vision simplifiée et fausse des identités mixtes. L'écrivain d'origine libanaise, Amin Maalouf, représente une optique semblable. Dans son essai, *Les Identités meurtrières* (1998), il avoue que « l'identité ne se compartimente pas, elle ne se répartit ni par moitiés, ni par tiers, ni par plages cloisonnées. Je n'ai pas plusieurs identités, j'en ai une seule, faite de tous les éléments qui l'ont façonnée, selon un 'dosage' particulier qui n'est jamais le même d'une personne à l'autre » (8)[2].

Pour ne pas perdre de vue le caractère pluriel des identités mixtes, il faut se pencher sur l'interaction de leurs éléments constitutifs : le va-et-vient entre plusieurs origines (renforcé par un travail de mémoire) peut, surtout chez l'écrivain multiculturel, aboutir à un métissage culturel et linguistique. Cette interaction instaure une relation hybride, celle de l'entre-deux, un « espace qui s'impose comme lieu d'accueil des différences qui se rejouent. Dans *l'entre-deux-langues*, la [...] langue

---

[2] Selon Amin Maalouf, cette vision simpliste peut être même dangereuse. Il démontre que la réduction de l'identité complexe à une seule appartenance peut mener aux massacres entre les groupes de gens qui s'identifient aux valeurs ethniques et religieuses différentes.

d'Origine s'actualise dans le passage d'une langue à l'autre » (Sibony 13).

Dans la plupart des romans d'Andreï Makine, le russe et le français se mélangent visiblement. L'auteur puise toujours dans ses deux cultures : les héros russes de ses romans vivent en France ; certains personnages français apparaissent dans l'univers russe. La littérature, la poésie et le film français bouleversent les âmes russes, tandis que les Français ne cessent d'être attirés par les Russes et la Russie. Les deux univers se projettent l'un dans l'autre, et en résulte un hybride, médiatisé par ses deux appartenances, comme celui de « toute une génération russe [...] née sur ce sol étranger [français], tous ces jeunes qui n'avaient jamais vu la Russie » (*COA* 128), ou bien comme l'identité mixte du jeune héros du *Crime d'Olga Arbélina* qui communiquait « dans ce mélange de phrases russes et de mots français » (*COA* 192).

En effet, d'ordre général, le héros makinien puise dans le russe et le français pour y créer un nouvel univers imaginaire. Partagé entre deux sphères culturelles dans lesquelles il a été élevé – celle de l'Union soviétique des années 1950 et celle de la France de la Belle Epoque, fictionnalisée par les récits familiaux –, il balance entre les deux sans s'enraciner définitivement ni dans l'une, ni dans l'autre. Cela est peut-être dû au fait qu'aucun de ces deux univers n'existe plus – absence dont le narrateur makinien est bien conscient. La France contemporaine est un pays culturellement transformé, métissé par les immigrés, où les valeurs de Charlotte n'ont plus cours (comme on le voit dans *La terre et le ciel de Jacques Dorme*) ; la Russie, quant à elle, gouvernée par des « nouveaux Russes » avec leurs limousines, est aussi toute différente du pays admiré que l'enfant Makine garde dans sa mémoire (comme dans *Requiem pour l'Est* et *Le Testament français*).

Puisque les mondes de son enfance n'existent plus et que ce qui en reste déçoit le narrateur, il se propose de créer un nouveau monde imaginaire à partir des bribes des univers anciens conservés dans sa mémoire. Ce sont autant des souvenirs des personnages, des paysages et des lieux que ceux des livres, des films, des chansons et des poèmes qui renvoient à l'univers russe aussi bien que français. Ce double patrimoine culturel est transmis par les langues russe et française, cruciales pour la recréation d'un nouvel univers. Makine ressuscite la France de la Belle Époque et l'Union soviétique de l'après-guerre en un seul univers romanesque. En puisant dans les deux cultures, son écriture instaure un monde de l'entre-deux, marqué de tensions mais non conflictuel, le lieu d'accueil des éléments issus des sphères culturelles hétérogènes.

Pour analyser cette écriture de l'entre-deux, génératrice de l'univers franco-russe makinien, nous allons d'abord décrire la situation linguistique de notre auteur afin de passer par la suite aux traits caractéristiques de sa prose qui sont liés à ses deux langues entremêlées.

La surconscience linguistique et l'imaginaire des langues

La situation de l'écrivain bilingue implique ce que Lise Gauvin appelle « la surconscience linguistique », c'est-à-dire « conscience de la langue comme lieu de réflexion privilégiée, comme territoire imaginaire à la fois ouvert et contraint » (Gauvin, *La fabrique* 256). Les écrivains qui appartiennent à plusieurs zones culturelles sont particulièrement exposés et sensibles à la présence de langues diverses ; non seulement ils emploient une langue pour communiquer, mais ils en font le sujet de leur réflexion. Le choix de la langue et l'écriture elle-même sont pour eux une source d'inconfort et de doute. Pourtant, paradoxalement, cette situation s'avère souvent créatrice. Nancy Huston, romancière canadienne qui écrit en anglais et en français, parle ainsi de la surconscience linguistique dans *Lettres Parisiennes* : « [...] ce n'est qu'à partir du moment où plus rien n'allait de soi – ni le vocabulaire, ni la syntaxe, ni surtout le style – à partir du moment où était aboli le faux naturel de la langue maternelle, que j'ai trouvé des choses à dire » (Huston et Sebbar 14). Cette sensibilité particulière à la coprésence de plusieurs langues est rarement paisible. Elle provoque des tensions et aboutit au sentiment de l'insécurité linguistique qui est dû à la conscience d'une norme linguistique et de l'écart entre la norme et l'usage déviant de la langue. L'écrivain francophone bilingue est ainsi partagé entre la volonté d'intégrer le français normatif d'un côté, et, de l'autre, la volonté de faire valoir son exotisme. Par conséquent, il essaie soit d'employer de manière hypercorrecte sa langue d'adoption, soit de la transformer librement selon les virtualités de celle-ci et selon son propre imaginaire. En tout état de cause, l'écrivain bilingue ne s'exprime pas dans sa langue d'adoption de façon innocente.

Selon la critique et le lectorat français, Andreï Makine écrit un français classique, voire marqué au sceau du conformisme. Il ne se risque pas aux expérimentations avec la langue. L'attitude admirative envers la langue française ne lui permet certainement pas de s'éloigner de sa syntaxe, de s'écarter de son vocabulaire ou de sa grammaire, comme le font certains écrivains francophones chez qui leur langue maternelle transparaît à travers le français. Makine écrit en français dans un style plutôt traditionnel qui fait penser aux grands romans du dix-neuvième siècle.

La surconscience linguistique peut être autant un fardeau qu'un bienfait. Le jeune héros makinien du *Testament français* en semble être la victime. Il se trouve aliéné, par exemple en classe parmi d'autres élèves russes, à cause de la double appartenance qu'il porte en lui et de la double façon de percevoir le réel. Ce jeu de perspectives met en relief la tension entre les deux facettes de son identité : « [...] quand je prononçais en russe 'царь', un tyran cruel se dressait devant mes yeux ; tandis que le mot 'tsar' en français s'emplissait de lumières, de bruits, de vent, d'éclats de lustres, de reflets d'épaules féminines nues, de parfums mélangés... ». Puis, se demande-t-il : « Donc, je voyais autrement ! Était-ce un avantage ? Ou un handicap, une tare ? » (*TF* 66).

Au cours de l'acculturation liée aussi bien au français qu'au russe, le héros commence à comprendre que sa langue adoptive et sa langue maternelle modèlent différemment la réalité. Il aperçoit certaines images et idées évoquées par les mots et les phrases françaises et il se rend compte que leurs équivalents en russe véhiculent des images différentes. Dès lors, sa vision du monde cesse d'être univoque et les deux perspectives culturelles différentes se montrent souvent incompatibles entre elles.

Pourtant, au fil du temps, il apprend à profiter de sa double perspective qui relativise l'univers soviétique entourant le héros-narrateur. Grâce à l'évocation en français des mots aux sonorités exotiques, « bartavelles et ortolans » (*TF* 46), ou bien à la répétition d'une phrase : « ...il y avait dans leur vie une matinée d'automne claire... » (*TF* 185), le garçon se trouve transporté dans une réalité imaginaire, éloignée de la dureté de la vie quotidienne en Union soviétique. Il devient conscient de ce que sa deuxième langue, le français, implique l'existence de tout un autre univers.

Chez de nombreux auteurs francophones la langue française s'associe à certains signes de prestige. C'est la langue de la distinction, de la culture, langue universelle, celle de la raison, de la libre pensée, langue de liberté et de l'humanisme ou bien celle de l'amour. On estime que nombre de ces écrivains emploient le français de façon tout à fait conventionnelle, sans chercher de distance avec cette langue d'adoption nécessaire pour la création littéraire. Ces écrivains souscrivent alors à l'imaginaire stéréotypé du français : langue de la précision, langue universelle et rationnelle qui se prête peu aux agitations de l'âme. C'est le cas d'Emil Cioran dont le style baroque « ne passe pas » en français. Pourtant, l'imaginaire du français chez Makine ne recoupe que partiellement cette représentation conventionnelle. L'écrivain n'exalte pas tant le français comme langue universelle ou celle de la raison, mais plutôt explore son côté passionnel. Dans cette perspective, l'opposition entre les imaginaires associés à la langue russe et à la langue française est considérable. Il semble en effet que Makine adopte le français à cause du mutisme du russe sur certains sujets ; en revanche, il cherche dans le français la possibilité d'exprimer ce qui ne peut pas être dit en russe. Voyons cela de près en prenant pour appui le texte lui-même.

    Chez Makine, le français apparaît tout d'abord comme langue de la féminité et de l'amour passionnel. Dans plusieurs de ses romans dont l'action se passe en Union soviétique, c'est une étrangère, une Française, qui fait découvrir au jeune héros la langue et la culture françaises. Une telle femme joue le plus souvent le rôle de la protectrice de l'adolescent. Il s'agit, par exemple, de Charlotte Lemonnier du *Testament français.* Dans *Requiem pour l'Est* et *La terre et le ciel de Jacques Dorme,* le héros orphelin se trouve sous la tutelle d'une vieille amie Française de la famille, Alexandra. Pourtant, en général, le narrateur raconte les histoires passées de ces femmes protectrices, et surtout les histoires de leurs amours, de sorte qu'elles apparaissent non seulement comme des femmes expérimentées et âgées, mais comme de jeunes amantes. Autour de ces femmes, on retrouve plusieurs images associées habituellement à la langue française. Souvent, celle-ci est personnifiée par une « belle étrangère » qui exerce son influence particulière sur l'entourage. Le rapprochement entre la protectrice et l'amante en la personne d'une femme française suggère un *topos* fréquent, selon lequel l'institutrice française est aussi une initiatrice à l'amour. Cette image contribue à l'érotisation du français : à l'instar de la femme, la langue devient un objet du désir.

Pour le héros du *Testament français*, Charlotte Lemonnier n'est pas seulement sa grand-mère, mais aussi une belle femme qui aimait et qui suscitait l'amour aux temps de sa jeunesse. En regardant sa grand-mère au cours d'une promenade en été, le héros pense : « Elle est jeune. Elle est belle » (*TF* 287). À côté de la grand-mère, trois femmes d'une photographie ancienne trouvée par hasard – trois Françaises – font révéler l'amour au héros-narrateur et attiser son désir :

> Leur féminité était celle qui devait infailliblement toucher le cœur de l'adolescent solitaire et farouche que j'étais. Une féminité en quelque sorte normative. Toutes les trois portaient une longue robe noire qui mettait en valeur l'ample arrondi de leur poitrine, moulait les hanches, mais surtout, avant d'embrasser les jambes et de se déverser en de gracieux plis autour des pieds, le tissu esquissait le galbe discret de leur ventre. La sensualité pudique de ce triangle légèrement rebondi me fascina ! (*TF* 181).

En regardant la photo, le héros découvre une facette de l'imaginaire culturel français qu'il n'avait pas connu avant, à savoir la féminité et l'amour qui sont « la quintessence française » (*TF* 50) à ses yeux. Il vit aussi une sorte d'initiation à l'amour sensuel. Le « je ne sais quoi de français » (*TF* 55) se manifeste aussi comme la présence de la femme, la tsarine russe, Alexandra, venue à Paris en 1896. L'association de l'amour à la féminité d'un côté et au français de l'autre, est également représentée par tout un cortège de femmes françaises dont les histoires se croisent « au pays du Tendre » : la courtisane Caroline Otero qui a consacré sa vie à l'amour, Casque d'or, Isabeu de Bavière, et, enfin, Marguerite Steinheil, la maîtresse du président Félix Faure qui est mort dans ses bras. Pour le héros, un tel amour sensuel et passionnel est désormais lié à l'univers français car il lui semble impossible d'imaginer des personnages russes dans les rôles sublimes des amants français.

Dans l'univers romanesque de Makine, ceux qui parlent français se distinguent des autres personnages par une vision du monde plus large. La connaissance du français les enrichit et leur donne accès, au moins dans leur imagination, à des espaces qui dépassent les frontières de l'univers russe ou soviétique. Dans *Le Testament français*, les héros adolescents sont projetés dans une réalité imaginaire par deux mots prononcés en français, « bartavelles et ortolans » (*TF* 46), qui leur rappellent les récits fabuleux de leur grand-mère française. Un jour, dans la ville où ils habitent, les enfants sont bousculés et exclus d'une file d'attente devant un magasin. Ils se consolent en pensant au nom d'un plat raffiné, sorti tout droit du menu d'un banquet donné en l'honneur des empereurs russes à leur arrivée à Cherbourg. À ce moment-là, ils se trouvent transportés imaginairement à l'endroit où le banquet a été donné : « [...] je sentis mes poumons s'emplir d'un air tout neuf – celui de Cherbourg – à l'odeur de brume salée, des galets humides sur la plage, et des cris sonores des mouettes dans l'infini de l'océan » (*TF* 68). Cette évocation réveille en eux des sensations qui installent les héros dans un univers inaccessible au reste de leurs compatriotes de la queue :

[...] l'instant qui était en moi – avec ses lumières brumeuses et ses odeurs marines – avait rendu relatif tout ce qui nous entourait : cette ville et sa carrure très stalinienne, cette attente nerveuse et la violence obtuse de la foule. Au lieu de la colère envers ces gens qui m'avaient repoussé, je ressentais maintenant une étonnante compassion à leur égard : ils ne pouvaient pas, en plissant légèrement les paupières, pénétrer dans ce jour plein de senteurs fraîches des algues, des cris de mouettes, du soleil voilé... (*TF* 69).

Ce déplacement imaginaire à Cherbourg permet aux héros de porter un autre regard sur leur quotidien : ils sont capables de s'en éloigner et d'oublier l'exclusion du groupe. Cette nouvelle perspective leur assure une richesse de sentiments et de réflexions par rapport aux gens qui l'ignorent. Capables de porter un double regard sur les événements grâce au français, les héros se sentent libérés des contraintes imposées par le réel.

Dans ce contexte, le français permet de tracer une frontière entre la sphère publique, contrôlée par l'État, et la vie privée. Le narrateur du *Testament français* avoue que dans sa famille le français était considéré comme leur « dialecte familial ». Le français s'inscrit ainsi dans la sphère privée qui offre la possibilité d'agir librement et de vivre ce que le régime n'accepte pas. Idiome *autre*, associée au « privé », donc à un « chez soi », il figure la liberté de l'individu, même si celui-ci est contraint à un exil intérieur.

Au-delà de cette vision libératrice, le français est aussi porteur de l'humanisme qui s'incarne dans certains personnages, comme le docteur Lemonnier, père de Charlotte et riche médecin français de Boïarsk en Sibérie, qui fait partie de la bourgeoisie locale. Il apprend de l'un de ses patients, fonctionnaire de police, que les ouvriers qui veulent manifester en ville risquent de se faire fusiller. Malgré son appartenance bourgeoise, il se dépêche aussitôt d'avertir les ouvriers. Son humanisme et l'idée que la vie de l'homme est la plus importante font le contrepoids à l'idéologie soviétique où les riches bourgeois sont d'impitoyables exploiteurs de la classe ouvrière. Le geste du docteur Lemonnier fait vaciller cette idéologie ; le bourgeois français se montre non seulement touché par le sort des pauvres, mais ose agir contre le régime.

Langue d'amour et de liberté, le français du *Testament français* possède aussi d'autres connotations. L'esprit français, selon le héros, réside dans la capacité de s'exprimer par des anecdotes amusantes, de bons mots élégants et des expressions qui détournent habilement le sens. Il admire donc Leconte de Lisle qui excelle en « esprit français » au cours d'une conversation avec Victor Hugo. Quand ce dernier déclare : « Je pensais à ce que je dirai à Dieu quand, très bientôt peut-être, je rejoindrai son royaume... », Leconte de Lisle répond : « Oh, vous lui direz : 'Cher confrère...' » (*TF* 157). Aux yeux du héros, cette légèreté d'expression et son raffinement contrastent fortement avec la langue russe, marquée par les lourdeurs de la langue de bois propagandiste.

L'esprit français est aussi visible dans *La terre et le ciel de Jacques Dorme,* où le héros trace une frontière très nette entre le russe et le français. Comme celui du *Testament français,* il est fasciné surtout par de petits récits curieux de la vie de l'aristocratie française, pleins de bons mots, de jeux verbaux et d'expressions ironiques. Il adore l'anecdote sur la duchesse de Longeville qui, assoiffée, se jette sur un verre d'eau, boit avidement et déclare regretter que ce ne soit pas un péché. Il reste également sous le charme de l'actrice Madeleine Brohant, habitant au quatrième étage, qui trouve que le long escalier menant à son logement est tout ce qui lui reste pour faire encore palpiter les cœurs.

En faisant l'irruption dans l'univers russe, grave et dangereux, le français paraît léger et libérateur. Il suggère la capacité de l'homme de voir la réalité à sa manière. Au travers des bons mots et des détournements du sens, il libère les individus des contraintes quotidiennes et rend la vie plus belle derrière le rideau de fer.

L'érotisation associée au français acquiert dans *La terre et le ciel de Jacques Dorme* une dimension existentielle et profondément humaniste. Dans ce roman, le narrateur raconte aussi l'histoire d'amour de sa « tante » Alexandra et du pilote français Jacques Dorme. Cette liaison, qui inspirera le narrateur au point d'écrire un livre sur la vie du pilote, commence au moment où l'homme et la femme se rencontrent en pleine guerre en Russie et s'aperçoivent qu'ils sont tous les deux Français. Or, significativement, l'amour naissant est d'abord un amour pour la langue française :

> Le même enfer les entoure, le même labyrinthe mobile de convois, le même grincement d'acier qui broie sur les rails le moindre grain de silence, les mêmes hélices qui, au-dessus de leurs têtes, lacèrent le ciel, et cette fumée qui fait passer sur leurs visages l'ombre des jours inconnus. Ils ne remarquent rien de tout cela. Quant le bruit efface la voix, ils devinent les paroles dans le seul mouvement des lèvres. [...] Pourtant, plus que le

sens c'est, pour l'instant, la sonorité des mots qui importe, la simple possibilité de les reconnaître, d'entendre vivants ces mots français. De dire le nom de cette ville, près de Paris, où elle est née, une autre, près de Roubaix, sa ville à lui. Des noms qui sonnent comme des mots de passe (*TCJD* 112).

Le français joue ici plusieurs fonctions. Il est, bien sûr, associé à l'amour, comme dans *Le Testament français*. Par l'évocation de noms que seuls Jacques et Alexandra connaissent, ils deviennent plus proches l'un de l'autre. Les deux héros se rencontrent au front pendant la Seconde Guerre mondiale, mais l'attachement au français et la possibilité de se « retrouver » dans cette langue les protège contre le danger. Il semble que le son des mots français suffit pour leur assurer la sécurité. Aussi, la langue maternelle d'Alexandra et de Jacques se révèle-t-elle comme une demeure, une cachette dans un monde secoué par le mal, la mort et la souffrance.

Dans *La terre et le ciel de Jacques Dorme* le français sert aussi de code secret ; incompréhensible pour l'entourage, il renforce les liens entre ceux qui l'emploient. Jacques et Alexandra « ont parlé en français, avec le sentiment d'user d'une langue codée, faite pour les confidences » (*TCJD* 113). Le jeune héros vit une expérience semblable quand tous les adolescents de l'orphelinat sont forcés d'assister à une cérémonie officielle pendant la visite du général de Gaulle en Union soviétique : « Il parla. Et j'eus la certitude d'être seul à comprendre la langue qu'il fit entendre. C'était celle que j'avais crue morte. Le français » (*TCJD* 100–101).

Le français engendre le sentiment de complicité et celui d'une compréhension profonde de la réalité. On rejoint ici la notion de « surconscience linguistique » consécutive à la connaissance de plusieurs langues. La coprésence de deux langues qui font voir la réalité de deux perspectives enrichit le point de vue de l'observateur. Mais on peut dire aussi que ceux qui parlent et comprennent le français dans l'Union soviétique des années 1950 se sentent plus proches les uns des autres. Grâce au partage de la langue française, ils ont le sentiment d'appartenance à un univers commun et inaltérable.

On doit ajouter que la valeur protectrice associée au français est semblable dans *Requiem pour l'Est*, où la seule matière sonore de cette langue semble protéger le garçon du danger. Sa protectrice, Alexandra, murmure à l'oreille du héros, âgé de deux ans, une chanson française, pendant qu'ils fuient tous les deux un pogrom des « ennemis du peuple ». Il ne comprend pas cette langue, mais elle le libère du cauchemar que vivent ceux qui s'opposent au régime :

> Les paroles ont une étrange beauté libre de sens. Une langue qu'il n'a jamais entendue. Tout autre que celle de ses parents. Une langue qui n'exige pas la compréhension, juste la plongée dans son rythme ondoyant, dans la souplesse veloutée de ses sons. Grisé par cette langue inconnue, l'enfant s'endort et il n'entend [pas] les coups de feu lointains multipliés par les échos... (*RE* 20).

Dans *Au temps du fleuve Amour*, on retrouve un imaginaire particulier lié à la langue et à la culture française. Le héros-narrateur relate l'histoire de trois garçons sibériens qui décident de transformer leurs vies après avoir vu plusieurs fois un film avec Jean-Paul Belmondo. Ce film incarne l'idée de l'Occident qui se dévoile devant leurs yeux en version française. Avec « ses exploits pour rien », « sa performance sans but », « son héroïsme gratuit », « l'éclat des muscles qui ne se préoccupaient pas des records de productivité à battre » (*TFA* 129), Belmondo est à mille lieux de l'univers soviétique, où tout un chacun est déterminé par la marche vers « l'avenir radieux » et conditionné par l'idéologie imposée. Ce qui distingue le héros du film des Russes qui le regardent, c'est surtout sa liberté : il est libre de décider de sa manière de vivre. Aux yeux des garçons, cette liberté devient le trait le plus caractéristique de la vie en Occident. Grâce au film, les trois garçons se sentent, eux aussi, plus libres de s'approcher, au moins mentalement, de cet Occident, perçu avant tout comme la quintessence de l'amour, du beau et du raffiné.

Comme l'adolescent du *Testament français*, Dmitri, l'un des jeunes héros d'*Au temps du fleuve Amour*, découvre l'amour dans une histoire sentimentale du film français qui l'enchante. L'image de cet amour « au cinéma » est d'autant plus frappante que dans l'entourage de Dmitri on ne parle presque pas d'amour ni de beauté :

> La beauté était la moindre des préoccupations dans le pays où nous sommes nés, Outkine, moi et les autres. On pouvait y passer toute sa vie sans avoir compris si l'on était laid ou beau, sans chercher le secret de la mosaïque du visage humain, ni le mystère de la topographie sensuelle de son corps.
> L'amour aussi s'enracinait mal dans cette contrée austère. Aimer pour aimer a été, je crois, tout simplement oublié – atrophié dans la saignée de la guerre, étranglé par les barbelés du camp tout proche, glacé par le souffle arctique. Et si l'amour subsistait, c'était sous une seule forme, celle de l'amour-péché. Toujours plus ou moins imaginaire, il éclairait la routine des rudes journées hivernales. (*TFA* 17)

Le héros n'a pas la moindre idée que l'on puisse vivre un amour passionnel ou admirer la beauté raffinée d'une femme. Dans son pays, la guerre a détruit de tels sentiments et ensuite le communisme a censuré ce qui en est resté. Il semble que ni l'amour, ni la beauté ne peuvent exister dans cet univers russe, stigmatisé par le froid et les barbelés des camps. L'amour ne s'y manifeste que sous deux formes : soit celle de la « pudeur officielle » (*TFA* 132) des films montrés dans les cinémas soviétiques, soit celle d'un rude langage employé par des hommes où l'acte amoureux se réduit à l'expression « faire une femme » (*TFA* 34). La « pudeur officielle » des films sentimentaux n'autorise que les images des couples d'amoureux engagés dans le travail pour la patrie. Au pays des kolkhozes, du travail collectif, aucun « art d'aimer », aucun érotisme n'est permis. Les scènes d'amour s'y réduisent tout au plus à un baiser dérobé et sans suite. Tout autre conception y gouverne, celle de l'amour-péché qui condamne la passion et la beauté sensuelle, si chères au narrateur du *Testament français*. Dans *Au temps du fleuve Amour*, en écoutant les hommes parler des femmes qu'ils « ont faites », les héros adolescents attendent des détails qui auraient transformé l'acte sexuel en un acte plus érotique, plus sublime, plus humain. Mais l'acte de « faire une femme », à l'instar de la vie même en Russie profonde, appauvrie par la guerre et le froid, est dépourvu de tout « aura » et de tout caractère individuel.

On comprend alors pourquoi la langue et la culture françaises apportent une vision de l'amour tout à fait différente. Après l'apparition de Belmondo dans le cinéma local *Octobre rouge*, le français devient synonyme de beauté, d'amour, de sensualité et de féminité. Dans le film français, le héros essaie de séduire sa voisine. Sa passion amoureuse se déploie derrière un éventail de comportements, d'« approches » et de sentiments : « le magma effrayant et indicible de l'amour commença à se dire avec une clarté occidentale : séduction, désir, conquête, sexe, érotisme, passion » (*TFA* 133). En regardant les exploits de Belmondo, les garçons découvrent toute la complexité de l'art d'aimer.

    Langue de l'authenticité, lié à l'amour passionnel et à la beauté, le français chez Makine semble aussi avoir la puissance d'inciter l'individu à se libérer des contraintes imposées par le régime communiste. Il s'agit avant tout d'une libération symbolique, à travers des images, des mots ou des sons étrangers que le communisme n'a pas pu détruire. Le français peut donc assurer l'accès à un univers imaginaire différent et une vision plus large du monde.

    La prose de Makine illustre bien l'opinion selon laquelle le français est la langue d'opposition aux régimes totalitaires pour les écrivains francophones d'Europe centrale et orientale. Chez notre écrivain, le français est certainement « la langue de liberté et de l'humanisme » : selon l'optique du *Testament français* et celle d'*Au temps du fleuve Amour,* l'imaginaire lié au français offre la capacité de dire ce que le russe est incapable d'exprimer et qui, pourtant, est crucial pour l'être humain : l'amour raffiné et sensuel, la beauté, la féminité, la liberté individuelle, les droits de l'homme, le caractère unique de tout homme. Dans ses romans destinés au public français, ce type d'imaginaire est souvent mis en relief par le contraste avec l'imaginaire culturel russe. À première vue, ce dernier représente les forces écrasant l'individu : l'empire tsariste ou le gouvernement communiste, la pauvreté, la propagande soviétique, la laideur, la peur, la fausseté, la censure ainsi que de grands espaces et un climat sévère.

    Or, le fait que le français s'associe à l'humanisme ne veut pas dire que dans les romans de Makine le russe ne puisse pas transmettre de valeurs humaines. La langue maternelle de l'écrivain est aussi liée à certaines valeurs humaines, bien qu'elles s'expriment différemment par rapport à l'humanisme français. Par exemple, *Confession d'un porte-drapeau déchu*, qui raconte la vie de deux familles habitant dans une petite ville près de Leningrad après la Seconde Guerre mondiale, est un roman plein d'humour et d'amour humain. Kim, immigré à Paris à l'âge adulte, s'y adresse à son ami d'enfance, Arkadi. Il fait le récit de leur enfance et adolescence heureuses, mais marquées par la propagande communiste : ils sont tous les deux pionniers marchant courageusement vers « l'horizon radieux ». Peu à peu, ils apprennent les histoires de leurs familles, bien que Iacha, le père de Kim, et Piotr, le père d'Arkadi, préfèrent ne pas trop parler des temps de la guerre et de l'avant-guerre. Sans oublier les souffrances et les atrocités que cache leur silence, les parents restent profondément sensibles au sort humain. Malgré les tragédies qu'ils ont vécues et les difficultés liées au régime, les parents conservent et transmettent aux garçons les valeurs humaines : le respect d'autrui et « la loi humaine » ne peuvent pas être bafoués ni oubliés même en pleine guerre.

Dans *La femme qui attendait* et *La Musique d'une vie* qui mettent en scène toute la précarité des conditions de vie en Union soviétique, le russe atteint aussi une dimension humaniste : il est figuré comme une langue de la haute culture, des sciences, de la musique et recèle toute la plasticité d'un langage littéraire. Par exemple, Véra de *La femme qui attendait*, avant de revenir à son village natal au Nord de la Russie, avait travaillé sur un doctorat en linguistique à Leningrad, tandis que la musique était devenue la vocation de toute la famille moscovite de Berg, le héros de *La Musique d'une vie*.

Il faut dire pourtant que même dans *Confession d'un porte-drapeau déchu*, récit plein de respect et d'amour pour l'être humain, le russe évoque une multitude d'actes de brutalité. Il en va de même dans *La terre et le ciel de Jacques Dorme,* où le héros trace une frontière très nette entre le russe et le français et décrit ainsi sa vie dans un orphelinat pour enfants de pères déclarés « ennemis du peuple » :

> À l'époque, la vie russe résonnait encore d'échos staliniens : « ennemi du peuple », « traître à la Patrie », n'étaient pas vraiment hors d'usage. D'ailleurs, à l'orphelinat, malgré nos rêveries héroïques, nous savions que nos pères étaient désignés précisément par ces titres-là. Les mots, coulés dans le moule de la propagande, avaient une dureté d'acier, une pesanteur de fonte (*TCJD* 51).

Les mots russes effectifs ou figurés dans les textes de Makine sont rudes. La vie dont l'image se dessine au moyen de tels mots est, elle aussi, dure et pénible. Dans son déterminisme lourd, la langue emprisonne l'individu sans laisser d'espace pour l'expression de son esprit, de ses propres pensées ou émotions. Elle évoque aussi la stagnation de la vie collective sous un régime totalitaire.

Cet univers pétrifié, cruel et meurtri est visible sous différentes formes dans le texte makinien. Dans *Le Testament français*, un des protagonistes parle d'un lac dans la taïga transformé en cimetière : des corps de soldats russes ont été conservés dans des eaux gelées presque toute l'année. Les corps sont appelés par le narrateur *kholodets*, ce qui désigne en russe des morceaux de viande en gelée. Cela démontre la fragilité de la vie humaine en Russie où les cadavres ne trouvent pas nécessairement leur place aux cimetières. Le héros du livre se rend compte de ce mépris russe pour la vie quand le compagnon de sa tante lui parle de Lavrenti Beria qui, roulant en voiture dans les rues de Moscou, choisissait de belles femmes qu'il enlevait et violait ensuite. Par ailleurs, la force pétrifiante de la nature est aussi cruelle, tel le rude hiver russe qui fait conserver les corps des soldats morts. La cruauté semble donc le trait inculqué dans le caractère russe. Dans chacun de ses romans, Makine fait référence aux guerres que les Russes ont subies : la Révolution, la guerre civile, la Seconde Guerre mondiale, la guerre en Afghanistan. Etant donné le fond historique sur lequel se déroule l'action romanesque, il est difficile de ne pas parler de la cruauté.

Le jugement porté sur la Russie est pourtant ambigu. Le héros constate qu'il aime la Russie tout en la haïssant, comme il méprise Beria tout en l'admirant. La Russie l'attire parce qu'elle « ne connaît pas de limites, ni dans le bien ni dans le mal » (*TF*, 211).

Le manque des limites est une image importante dans le pôle russe de l'imaginaire de Makine. D'abord, des étendues énormes y apparaissent, telles la taïga, « la steppe sans limites » (*TF* 281), la Sibérie, ou encore « l'immensité des champs de blé et des plaines neigeuses sous la lune » (*TF* 57). Pour se déplacer, les héros doivent parcourir de longues distances. Ces territoires imposent de longs voyages en train : le Transsibérien. Le froid sibérien semble « ne pas connaître de limites » (*TFA* 19). Tout est immense en Russie :

> Autour de nous s'étendait l'énorme empire, puisant un orgueil particulier de l'exploration de ce ciel insondable au-dessus de nos têtes. L'empire avec sa redoutable armée, avec ses brise-glace atomiques éventrant le pôle Nord, avec ses usines qui devaient bientôt produire plus d'acier que tous

les pays du monde réunis, avec ses champs de blé qui ondoyaient de la mer Noire jusqu'au Pacifique... Avec cette steppe sans limites (*TF* 32).

Cette démesure territoriale et idéologique renvoie aussi à « l'âme russe » qui suscite l'admiration et la curiosité des Occidentaux. Bien sûr, une telle représentation est partiellement stéréotypée, mais son caractère mystérieux reste puissant. Ce pays cruel et vaste au point d'être inconnu suscite un amour-haine auquel le héros ne peut résister.

Selon cet imaginaire, contrairement à son versant français, la vie de l'individu est fragile et compte peu. Pendant la Seconde Guerre mondiale, le pilote français Jacques Dorme voit un officier russe du NKVD tuer un prisonnier polonais et « comprend que cela est impossible. On ne tue pas un homme comme ça, sans jugement » (*TCJD* 128). Charlotte Lemonnier observe des scènes terrifiantes pendant son voyage au milieu de la Russie où la mort reste banalisée par la quantité de victimes. Tuer des humains n'est plus du domaine du mal ; c'est ce qui « arrive », pour des raisons diverses ou même sans raison.

En tant que langue de propagande, le russe rend souvent la communication impossible. Arrivée à Boïarsk où le communisme s'est installé, Charlotte essaie de discuter avec un officier qui lui a pris ses documents, mais elle n'arrive ni à le comprendre, ni à se faire comprendre. Le langage de la propagande soviétique résonne comme une langue étrangère : « Un train pour Moscou... – Le sabotage des spécialistes bourgeois dans les chemins de fer... – Le mauvais état de santé de ma mère... – L'horrible héritage économique et culturel laissé par le tsarisme... » (*TF* 93).

Ce langage, composé de slogans vidés de sens, est destiné à manipuler les masses. Les deux héros de

Confession de porte-drapeau déchu croient en l'« horizon radieux » vers lequel ils sont guidés par la politique de leur patrie, l'Union soviétique. Selon les autorités, la vie devrait être entièrement subjuguée à la marche vers cet « horizon » ; les deux garçons y participent volontiers et avec application jusqu'au moment où, envoyés dans un camp de pionniers, ils découvrent l'hypocrisie de l'idéologie communiste derrière un russe « soviétique », langage appauvri, incapable d'exprimer la vie dans sa richesse. Le mépris de la vie connoté par le russe reste ainsi en contradiction avec le français. Cette opposition atteint une valeur symbolique et le français acquiert par là même une dimension mythique. Le narrateur du *Testament français* parle d'ailleurs de la France (qu'il connaît à force d'écouter les récits grand maternels) comme de « l'Atlantide brumeuse sortant des flots » (*TF* 29). Il s'agit donc d'une île mythique et imaginée, impossible à situer sur la mappemonde. Il semble que l'imaginaire de la langue française soit assez puissant pour créer un univers nouveau.

Comme nous l'avons vu, cet imaginaire peut non seulement libérer l'individu de la rude réalité soviétique, mais il offre la possibilité de créer une nouvelle origine. Le contexte biculturel de deux imaginaires se prête à la réécriture de soi du narrateur. Par la commutation de codes, les deux langues dialoguent et s'enchaînent à l'intérieur du roman, de façon qu'un espace interculturel nouveau surgit de leur union. Le héros-narrateur, écrivain bilingue qui vacille entre la réalité russe et la réalité française, profite de cet échange pour créer dans son œuvre un univers imaginaire qui correspond mieux à sa personnalité pluriculturelle. Il aboutira à l'avènement d'une identité hybride, métissée, où le côté russe et le côté français, inséparables, constitueront une entité hétérogène.

La déterritorialisation

Le destin des héros de Makine semble être gouverné par les forces de l'Histoire et de la politique. Par exemple, dans *Le Testament français,* Charlotte Lemonnier passe la majorité de sa vie en Union soviétique suite à l'instauration du communisme et à la fermeture des frontières soviétiques après la Seconde Guerre mondiale. Le cas d'Ivan, le protagoniste de *La fille d'un héros de l'Union soviétique,* le montre de façon encore plus pertinente. L'homme suit, pendant toute sa vie, les décisions des autorités russes. Il accepte son rôle du Héros de l'Union soviétique et se rend dans des écoles pour parler aux élèves des temps de la guerre. Pourtant, il ne leur raconte pas ses propres souvenirs, mais l'histoire que le Parti communiste lui inculque, même si elle reste en contradiction avec ses propres expériences qu'il semble avoir oubliées. Ainsi, la version de l'histoire autorisée par l'État évacue ses propres pensées. Mais la politique de l'État bouleverse la vie d'Ivan de façon beaucoup plus grave. Arrivé à Moscou pour faire la connaissance du fiancé de sa fille Olia, ce vétéran et patriote apprend qu'elle travaille comme prostituée sur les ordres du KGB. Dès lors, il se rend compte de la cruauté avec laquelle l'État abuse de ses citoyens. Après cette pénible découverte, il se lance dans différentes bagarres et, par conséquent, sa santé se détériore. Finalement, il meurt après avoir compris que la patrie qu'il avait défendue pendant la guerre l'a cruellement trompé. De pareils exemples du poids de l'histoire et de la politique sont abondants dans la prose makinienne.

Ce fort degré de « politisation » du discours chez Makine fait penser à la notion de « littérature mineure » :

Une littérature mineure n'est pas celle d'une langue mineure, plutôt celle qu'une minorité fait dans une langue majeure. Mais le premier caractère est de toute façon que la langue y est affectée d'un fort coefficient de déterritorialisation [...] Le second caractère des littératures mineures, c'est que tout y est politique. Dans les « grandes » littératures au contraire, *l'affaire individuelle* (familiale, conjugale, etc.) tend à rejoindre d'autres affaires non moins individuelles, le milieu social servant d'environnement et d'arrière-fond ; [...] La littérature mineure est tout à fait différente : son espace exigu fait que chaque affaire individuelle est immédiatement branchée sur la politique [...] Le troisième caractère, c'est que tout prend une valeur collective [...] : ce que l'écrivain tout seul dit constitue déjà une action commune, et ce qu'il dit ou fait est nécessairement politique, même si les autres ne sont pas d'accord (Deleuze et Guattari, *Kafka* 29–31).

Dans la prose de Makine « tout est politique ». Mais c'est aussi une prose écrite dans une langue majeure (le français) par un écrivain minoritaire, un Russe exilé en France. Le français des romans makiniens porte notamment des marques de la déterritorialisation[3]. La langue, quand elle est déterritorialisée, perd son lien avec

---

[3] Les concepts de « déterritorialisation » et de « reterritorialisation » sont issus des travaux philosophiques de Gilles Deleuze et Félix Guattari (*Mille plateaux* et *Kafka. Pour une littérature mineure*). Ils désignent respectivement un sentiment de perte (ou de dépossession), ou, au contraire, un processus compensatoire par lequel le sentiment identitaire retrouve un sens. Dans les études sur les littératures francophones, ce sens premier est employé de façon élargie qui ajoute au rapport linguistique (écrire dans une langue autre que la langue d'origine) celui à la mémoire et à l'espace-temps.

le territoire (symbolique, construit par la littérature même). Ainsi, le récit qui subit les effets de déterritorialisation s'empare de mots français sans qu'ils soient enracinés dans cette langue. L'œuvre de Kafka est écrite en allemand, mais dans un allemand déterritorialisé, celui des Juifs de Prague : la langue apparaît alors comme un bien étranger qu'on a acquis, mais « qui reste un bien étranger quand on ne pourrait même prouver la moindre faute de langage » (Garnier 99). Cette œuvre ne réussit donc pas à se reterritorialiser. Pourtant, dans les littératures francophones on observe également le phénomène de reterritorialisation : il s'agit de se servir du français et de l'ancrer sur un territoire autre, d'enrichir la langue avec une signification nouvelle. Ainsi, l'invention des particularités langagières par les auteurs francophones est souhaitable : c'est le cas, entre autres, du roman d'Ahmadou Kourouma *Les Soleils des Indépendances* (1968) où la langue française devient toute « gonflée » du malinké natal de l'auteur.

La langue de Makine semble déterritorialisée avant tout au niveau des mots particuliers, des expressions toutes faites ou par la référence à des produits culturels, tels que la littérature ou le film. Ses romans sont parsemés de mots russes (souvent sans équivalents français) qui introduisent dans le texte un imaginaire lié à la langue maternelle de l'écrivain et véhiculent des contenus culturels relatifs à elle. On le perçoit bien dans les récits de Charlotte racontés à ses petits-enfants dans *Le Testament français* :

> Car notre grand-mère nous avait bien dit, un jour, en parlant de sa ville natale :
> - Oh ! Neuilly, à l'époque, était un simple village...
> Elle l'avait dit en français, mais nous, nous ne connaissions que les villages russes. Et le village en Russie est nécessairement un chapelet d'isbas –

le mot même *derevnia* vient de *dérévo* – l'arbre, le bois. La confusion fut tenace malgré les éclaircissements que les récits de Charlotte apporteraient par la suite. Au nom de « Neuilly », c'est le village avec ses maisons en bois, son troupeau et son coq qui surgissait tout de suite. Et quand, l'été suivant, Charlotte nous parla pour la première fois d'un certain Marcel Proust, « à propos, on le voyait jouer au tennis à Neuilly, sur le boulevard Bineau », nous imaginâmes ce dandy aux grands yeux langoureux (elle nous avait montré sa photo) – au milieu des isbas !
La réalité russe transparaissait souvent sous la fragile patine de nos vocables français. (*TF* 43–44).

Le sens du mot français « village » est ici déterritorialisé par le contexte russe. Les enfants qui ne connaissent pas de villages français, imaginent Neuilly comme un village russe avec ses maisons en bois. Ils transposent immédiatement le mot « village » utilisé par Charlotte en russe. Et quand ils pensent au mot *derevnia*, ou encore *dérévo*, l'image d'un typique village russe leur vient à l'esprit ; avec ce mot, censé être l'équivalent du « village » français, le sens primitif de « village » change de référent. Ainsi, le « village » français du début du siècle se superpose au village en bois de la Russie profonde. Le mot en question évoque des signifiés (et des référents culturels) différents en fonction de la langue nationale, ce qui produit la déterritorialisation de son sens premier. Ainsi, la déterritorialisation du sens et sa « reterritorialisation » consécutive, renvoyant à l'identité culturelle russe, s'opèrent par le remplacement de signifiés liés à un même signifiant dans les deux langues nationales respectives.

L'exemple du mot « tsar » du *Testament français*, mentionné avant, est encore plus pertinent dans le contexte de la dé- et reterritorialisation, car la forme phonique de ce mot est identique dans les deux langues. Malgré cette identité, ce mot renvoie à deux signifiés différents selon la langue : soit un monarque sage, soit un tyran cruel. Ainsi, le sens du mot français « tsar » se trouve déterritorialisé par le contexte russe, par l'imaginaire culturel qui lui est propre, et, bien sûr, par la perspective historique et politique changeante.

Les deux langues se pénètrent parfaitement quand le narrateur se rend compte de ce que les noms des alcools qu'il connaît en russe sont en effet des noms français : « Champanskoé », « Koniak », « Silvaner », « Aligoté », « Mouskat », « Kagor » (*TF* 120). Dans *Le Testament français*, ces noms venant du français sont transcrits de manière à être prononcés en russe par un Français : le « champagne » français passe par le russe pour devenir « Champanskoé », transcrit phonétiquement. Ainsi, les noms français des alcools se trouvent reterritorialisés par l'influence de la langue russe. Le héros reconnaît le substrat français dans un mot tiré de son univers russe et ainsi les deux, le russe et le français, s'entrecroisent.

À part les mots ou expressions d'une langue, dont le sens est reterritorialisé par l'autre langue, d'autres éléments discursifs peuvent subir ce procédé d'interpénétration. Nous avons mentionné que chez Makine, l'univers romanesque français se trouve reterritorialisé par l'imaginaire culturel russe. L'incorporation dans le texte des éléments non fictionnels a la même fonction. Dans *Au temps du fleuve Amour*, trois jeunes sibériens découvrent les films français avec Jean-Paul Belmondo et succombent au charme du héros. Grâce à son visage au nez aplati, ressemblant aux visages asiatiques de leurs voisins, ce personnage semble faire partie de la vie sibérienne ; en même temps, Belmondo dont le nom est déjà significatif, apporte quelque chose de nouveau et d'étranger avec « ses exploits pour rien », « ses performances sans but, son héroïsme gratuit », « sans aucune arrière-pensée messianique, idéologique ou futuriste » (*TFA* 129). Suite à l'impact du film sur les enfants ainsi que sur d'autres personnages du village, la « belle image » de l'Occident transforme la vie en Sibérie profonde : gaieté, énergie et optimisme s'emparent de ses habitants[4]. Dès lors, la dure vie sibérienne n'est plus éprouvée comme le seul destin possible ; grâce à la découverte de Belmondo, s'opère un changement de perspective où la vie est vécue de façon moins austère et paraît plus facile. Il semble que la sensualité et l'érotisme ont ici le pouvoir singulier de métamorphoser la réalité russe. Le héros du roman est émerveillé par les jambes de deux femmes en minijupes qui apparaissent au début du film avec Belmondo, image qu'il commente sur un ton ironique :

> O, ces divines jambes ! Elles se déplaçaient sur l'écran, suivant le déhanchement sensuel des deux créatures bien en chair. Des cuisses bronzées qui semblaient ne pas avoir la moindre idée de la présence, quelque part sur le globe, de l'hiver, de Nerloug, de notre Sibérie. Et du camp dont les

---

[4] On trouve une situation analogue dans le roman *Balzac et la petite tailleuse chinoise* de Dai Sijie. Deux garçons, le narrateur et son ami Luo, qui ont été renvoyés, suite à la campagne de rééducation, dans un village dans la montagne chinoise en 1971, découvrent des livres interdits dans la Chine communiste. Ils commencent à lire Dumas, Balzac, Flaubert, Gogol, Melville et Romain Rolland. Ces romans les changent profondément ; ils y découvrent l'amour, la femme, la sensualité et l'individualisme. Après la lecture, les garçons racontent les livres lus aux autres villageois qui restent sous l'emprise des récits entendus.

barbelés embrouillaient le soleil balancier. Ces jambes démontraient avec une rare persuasion, mais sans vouloir convertir qui que ce soit, la possibilité d'une existence sans Kremlin, sans métiers à tisser et autres performances de l'émulation socialiste. Des cuisses souverainement apolitiques. Sereinement amorales. Des cuisses en dehors de l'Histoire. À l'écart de toute idéologie. Sans aucune arrière-pensée utilitaire. Des cuisses pour des cuisses. Tout simplement de belles jambes féminines bronzées ! (*TFA* 107)

Puisque les Sibériens n'utilisent d'autre mot pour l'amour que « faire une femme », il est clair que l'image des belles jambes des femmes occidentales provoque une transformation totale de leur quotidien. Le narrateur affirme d'ailleurs non sans raillerie que ces jambes sensuelles ont le pouvoir de libérer les spectateurs russes des rigueurs du régime. Belmondo et les deux femmes se situent à l'opposé d'une quelconque activité liée au régime soviétique, tandis que les héros des films russes n'oublient pas leur patrie même pendant des rendez-vous d'amour. La sensualité et l'érotisme dégagés par le film montrent la possibilité de se libérer spirituellement même en pleine Sibérie. D'autre part, le russe pénètre aussi le français : pour se faire reconnaître par un objet caractéristique, une espionne se munit d'un « *karavaï* ; cette miche de pain noir russe, on ne peut plus russe, et appelé en russe dans un film français ! » (*TFA* 130). La miche de pain joue le même rôle que Belmondo : elle permet de faire transparaître la russité à travers la francité (ou vice versa) et d'élargir ainsi les valeurs et idées associées auparavant à une seule culture. Par tous ces procédés de reterritorialisation et de négociation interlinguale, la narration tend à construire un entre-deux identitaire non conflictuel et son statut interculturel propre.

Les exemples apportés montrent que Makine non seulement déterritorialise la langue (le français autant que le russe), mais il la reterritorialise du même coup dans un nouveau contexte. Notre auteur transforme la langue en dissociant les signifiés des signifiants auxquels ils sont attachés au sein d'une langue et ensuite il tend à rattacher ces même signifiants aux signifiés de l'autre langue. Ainsi, des mots français s'enrichissent de sens et de symboles ressortant du russe, et, inversement, les mots russes gagnent une nouvelle signification, propre au français. Cela se fait en sorte que les deux langues s'ouvrent l'une à l'autre et s'entremêlent, créant ainsi un langage original. Andreï Makine fabrique ce nouveau langage en se servant des significations conservées dans les deux langues soit par l'usage courant (de ces langues), soit par le discours culturel (film et littérature) propre à ces langues.

Il faut également s'intéresser brièvement au terme « territoire », dont sont dérivées les notions de « déterritorialisation » et « reterritorialisation ». Les littératures francophones en général sont déterritorialisées parce qu'elles ont recours au français hors du territoire français. Or, dans le cas de Makine, c'est l'inverse qui se passe, car il recourt au français sur le territoire français. Mais l'écrivain déplace ses deux langues entre deux territoires imaginaires, construits, composés. Ainsi, la France et l'Union soviétique – deux territoires principaux dans la prose de cet auteur – sont des entités littéraires et imaginaires plutôt que des référents aux pays réels. Les deux territoires makiniens étant imaginaires, le romancier peut les évoquer tout en écrivant à partir de la France, son espace de création, sans qu'aucun d'eux perde son caractère culturel propre.

Traduction et autotraduction

Nous l'avons déjà dit : dans les romans de Makine, les personnages parlent en russe ou en français. Mais ce bilinguisme est dissimulé sous le français de la narration – l'auteur écrit ses romans dans sa langue adoptive et les paroles de ses personnages, ainsi que celles du narrateur, sont écrites en français. On trouve chez lui certains mots russes, mais transcrits en alphabet latin. Il n'y a qu'une seule occurrence de phrase rapportée en cyrillique. L'action de plusieurs romans se passe en Russie, en Union soviétique ou dans les milieux russophones – alors, de tels personnages doivent parler russe, bien que l'auteur ait choisi de rendre en français les paroles des russophones. Le lecteur sait que les protagonistes emploient le russe grâce au contexte ou bien aux indications textuelles apportées par le narrateur, sans voir le texte russe. De nombreux écrivains francophones décident de faire parler leurs personnages en français, même s'il n'est pas leur vraie langue de communication, pour que le public francophone puisse comprendre sans peine leurs dialogues. Toutefois, par souci d'authenticité, ces auteurs emploient des techniques permettant au public de reconnaître une langue *autre* sous la texture francophone. Ils tendent à insérer des paroles étrangères dans le roman francophone soit par la juxtaposition des deux langues, soit par leur fusion. La première laisse voir distinctement les deux langues parallèles présentes dans le texte, la deuxième – le résultat de leur amalgame ; des auteurs comme Mouloud Mammeri, Osmane Socé ou Louis Hémon y ont recours.

Nous avons cité les exemples des mots russes employés dans le texte : « tsar » et « *tsvetok* ». D'habitude, Makine traduit lui-même ou au moins explique le sens des mots russes qu'il introduit dans le texte français. On peut le voir dans des citations suivantes : « Le *kholodets*, cette viande en gelée dont il y avait justement une assiette sur notre table... » (*TF* 207), « Il y a avait, en outre, un noyau de forts en mathématiques, futurs '*tekhnars*' qui, autrefois mélangés aux prolétaires et dominés par eux, s'en démarquaient de plus en plus en occupant le devant de la scène scolaire » (*TF* 223), « Un autre, en arborant la mine d'un simple d'esprit, parla de la *fortotchka*, le vasistas... » (*TF* 225). La fréquence de ces mots varie ; certains sont marqués par des guillemets, d'autres sont imprimés en italique, quelques uns ne se distinguent pas typographiquement du reste du texte. La fonction de ces mots russes est soit de combler les limites sémantiques du français, soit de rendre plus clairement les paroles d'un personnage, soit encore de souligner le caractère typiquement russe du sujet dont on parle.

Ces mots étrangers à la langue de la narration, connotent la voix de la langue et de la culture russes dans le texte français. Leur mise en texte atteste la volonté de l'auteur de souligner leur caractère étranger. Les guillemets ou les italiques font que ces mots se distinguent dans le texte ; exprimés ainsi, ils indiquent que l'auteur s'identifie à la langue de la narration (le français) et s'éloigne de sa langue maternelle, à laquelle il attribue le statut d'étrangère. Les mots russes entre guillemets ou en italique s'approchent alors des marqueurs d'exotisme, sans vraiment se fondre dans la langue d'accueil. L'emploi du mot « tsar » par le héros-narrateur du *Testament français*, atteste une juxtaposition des voix distinctes, hétérogènes. On comprend bien que la notation du mot « tsar » en cyrillique renforce la distance entre les deux langues et les deux cultures ; le mot « царь » a l'air exotique et mystérieux, en plus il est pratiquement illisible pour des lecteurs qui ne connaissent pas le russe. Ainsi, le cyrillique amplifie l'étrangeté du mot déjà placé entre guillemets et le lecteur se sent projeté dans une culture peu connue, voire inaccessible.

En produisant des effets de l'étrangeté à partir des mots russes, l'auteur met en relief la distance entre la réalité russe et la réalité française et il empêche leur fusion (au niveau du texte). Mais la présence du russe « sous » le français, parfois si discrète qu'on en oublie l'origine pendant la lecture, jette un éclairage nouveau sur le russe : le lecteur est susceptible de découvrir ce langage selon la perspective française. En revanche, cette dernière lui communique toute sa liberté d'expression et des valeurs telles que le respect pour l'individu, la beauté et la passion.

La traduction et l'autotraduction sont deux phénomènes qui font évidemment preuve de l'hétérogénéité de la langue dans le roman francophone. On peut même risquer l'opinion selon laquelle la double appartenance linguistique de l'auteur entraîne toujours de la traduction dans son œuvre. Même si l'écriture se fait directement en français, on perçoit les traces d'une existence antérieure, vécue dans une autre langue. Par la traduction, le traducteur tend à adapter le texte à la culture du destinataire. L'(auto)traduction consiste donc à introduire dans la langue française des termes et des constructions impropres à cette langue et, par là même, elle bouscule l'univers de références constitué par le français, cohérent et homogène. Il faut toutefois noter qu'un tel contact avec l'étranger implique plutôt une négociation, une rencontre interculturelle qui contribue à son tour à la construction de l'identité. Il en résulte qu'en se traduisant lui-même, l'auteur devient un véritable passeur culturel. Il a le droit au « bricolage », à la manipulation textuelle, à ce qu'un traducteur traditionnel n'aurait pas pu se permettre. Par conséquent, l'autotraduction favorise l'apparition de genres littéraires mixtes, de langages hybrides et d'identités métisses, là où l'identité et l'altérité, l'original et la traduction se mélangent et s'interprètent.

Stylisation et hybridation de la parole

Malgré certaines traces d'autotraduction, à première vue il semble que Andreï Makine discerne soigneusement des voix qui parlent dans ses romans : il indique à l'aide des guillemets ou des tirets les paroles effectives des personnages. Il utilise rarement le style indirect libre. Pourtant, on peut aussi observer une certaine interdépendance des voix dans ses romans. Le discours du roman est toujours plurilingue et plurivocal. Le plurilinguisme et la plurivocalité rendent compte de l'expression de divers groupes sociaux au travers des langues et des voix qui se font entendre dans le roman. Ces deux phénomènes se trouvent à la base de la diversité stylistique : des voix hétérogènes forment des unités stylistiques variées dans le discours romanesque. Ces « voix d'autrui » peuvent non seulement être rattachées aux personnages, mais apparaître aussi dans le discours du narrateur. En s'introduisant dans le discours, elles créent l'effet de polyphonie dans le roman : l'œuvre devient alors un amalgame de voix et d'opinions qui dialoguent entre elles. Ce qui nous intéresse chez Makine, c'est la modalité de l'interaction des voix entre ses deux langues, le russe et le français. Il semble que le plurilinguisme s'y manifeste avant tout sous la forme d'hybridisation et de stylisation, parfois il instaure une polyphonie des voix. Même si cette polyphonie est limitée à certaines situations restreintes, elle permet à l'écrivain d'atteindre son objectif premier : créer un univers où le russe et le français ne soient pas en situation antagoniste.

Chez Makine, comme on a pu constater à propos de l'autotraduction, on trouve des occurrences de l'interaction dynamique des deux langues par exemple dans des énoncés des personnages. L'ivrogne Gavrilytch de Saranza, la ville sibérienne où se passe une grande partie de l'action du *Testament français*, appelle la grand-mère du héros, Charlotte Lemonnier, « Charlota Norbertovna » (*TF* 36). C'est une forme hybride où se laisse percevoir le substrat culturel russe : la politesse exige qu'un Russe, en nommant son interlocuteur, utilise le patronyme formé à partir du nom de son père, en l'occurrence – Norbert Lemonnier. Bien que Gavrilytch s'adresse à Charlotte par son vrai nom, ce nom reste déjà russifié. Pourtant, par cette appellation sonnant comme inhabituelle en russe, le nom de « Charlota Norbertovna » devient comme ni russe, ni français – c'est un nom hybride, paraissant comme « étranger » autant en Sibérie qu'en France.

    Le prénom de Charlotte est aussi déformé « à la russe » par Avdotia, la laitière du village voisin, qui appelle la Française « Choura » (*TF*, 34). Au lieu de prononcer tout le prénom de la femme, elle le raccourcit et n'en garde que le premier son. « Choura » est le diminutif russe d'Alexandra et apparemment n'a rien à voir avec le vrai prénom de Charlotte. Pourtant, par cette russification affective, un dialogue, une négociation culturelle s'installe déjà. On retrouve la même russification du prénom dans *La terre et le ciel de Jacques Dorme,* où l'héroïne est appelée d'abord Choura, ensuite Sacha, et finalement arbore le plein nom d'Alexandra, ce qui n'est d'ailleurs pas son vrai nom. Dans ce cas le prénom français subit une déformation sous l'influence du prénom russe qui lui ressemble au niveau phonétique.

    On voit plus rarement chez Makine l'hybridisation au niveau de la narration. Toujours dans *Le Testament français*, l'auteur parle ainsi de sa grand-mère : « D'ailleurs, le courage et l'absence totale d'hypocrisie dans le récit de Charlotte démontrèrent ce que je savais déjà : elle n'était pas une grand-mère comme les autres. Non, aucune babouchka russe ne se serait hasardée dans une telle discussion avec son petit-fils » (*TF,* 113). Le mot russe « babouchka » est ici intégré au français sans guillemets et sans autres marques d'étrangeté. D'un côté, Charlotte est la « babouchka » du narrateur (le mot signifie « grand-mère »). De l'autre, le narrateur souligne qu'elle diffère considérablement des « babouchkas russes » typiques. L'inclusion de ce mot dans la narration en français dévoile le double regard porté par le narrateur sur sa grand-mère, mais cela exprime aussi une vérité essentielle, à savoir son identité plurielle, assumée par son appartenance française et son appartenance russe.

  Les mots cités subissent de façon claire l'hybridation du langage. Selon Mikhaïl Bakhtine, l'hybridation « c'est le mélange de deux langages sociaux à l'intérieur d'un seul énoncé, c'est la rencontre dans l'arène de cet énoncé de deux consciences linguistiques, séparées par une époque, par une différence sociale, ou par les deux » (*Esthétique et théorie* 176). Les deux vocables, « Charlota Norbertovna », contiennent une telle construction hybride, où le français et le russe interagissent en profondeur. Qui plus est, la voix russe qui parle ici suggère le registre langagier d'une certaine classe sociale qui estime la gentillesse et respecte l'étiquette.

  Le russe et le français se mélangent manifestement dès l'entrée en matière du *Testament français*, où l'auteur décrit le comportement des femmes russes prises en photo :

> Car ces femmes savaient que pour être belles, il fallait, quelques secondes avant que le flash ne les

aveugle, prononcer ces mystérieuses syllabes françaises dont peu connaissaient le sens : « petite-pomme... ». Comme par enchantement, la bouche au lieu de s'étirer dans une béatitude enjouée ou de se crisper dans un rictus anxieux, formait ce gracieux arrondi. Le visage tout entier en demeurait transfiguré. Les sourcils s'arquaient légèrement, l'ovale des joues s'allongeait. On disait « petite pomme », et l'ombre d'une douceur lointaine et rêveuse voilait le regard, affinait les traits, laissait planer sur le cliché la lumière tamisée des jours anciens.
Une telle magie photographique avait conquis la confiance des femmes les plus diverses. Cette parente moscovite, par exemple, sur l'unique cliché de couleur de nos albums. Mariée à un diplomate, elle parlait sans desserrer les dents et soupirait d'ennui avant même de vous avoir écouté. Mais sur la photo, je distinguais tout de suite l'effet de la « petite pomme » (*TF* 15–16).

Les deux mots français, « petite pomme », ont le pouvoir de rendre beau le visage humain. Les femmes russes prononcent cette formule magique pour paraître belles, raffinées et rêveuses sur des photos. Il semble que le pouvoir de la formule qui donne accès à l'univers du beau soit illimitée : les mots français transforment même la parente moscovite antipathique en une belle femme. Comme nous l'avons déjà dit, dans les romans de Makine, le français est lié à l'imaginaire du beau. Sous l'effet du français, la réalité russe apparaît sous un éclairage nouveau qui rend cette réalité plus belle. Le français introduit ainsi dans l'univers russe un espace discursif *autre* et une perspective différente. Une voix d'autrui attachée aux paroles françaises s'incruste dans la réalité russe de façon qu'un espace interculturel imprévisible surgit de leur union.

Ces deux procédés décrits se rapprochent de ce que Bakhtine appelle la stylisation du langage. La stylisation, selon lui, consiste à « éclairer un langage à l'aide d'un autre, de modeler une image vivante d'un autre langage » (*Esthétique et théorie* 178). Il ne s'agit plus d'unir les voix au sein d'un seul énoncé, mais de voir un langage à travers la lumière de l'autre. Dans le roman, la voix étrangère à la réalité décrite transmet des jugements sur cette réalité. Chaque nouvelle voix éclaire d'une perspective originale l'espace dans lequel elle s'introduit et ainsi un sens nouveau apparaît.

Un autre exemple du brouillage interlinguistique est visible dans le discours d'un gardien qui parle au narrateur du *Crime d'Olga Arbélina* au cimetière russe à Villiers-la-Forêt près de Paris. Lorsqu'il décide de lui raconter l'histoire d'une femme russe enterrée dans le cimetière, avant d'entamer le récit, il propose du thé à son interlocuteur : « Хотите чаю ? » (*COA* 52). Cette phrase, la seule imprimée dans les livres de Makine en caractères russes et non traduite en français, déclenche une authentique parole russe dans la narration française. L'ayant lue à même son opacité, le lecteur est susceptible de plonger dans l'univers des immigrés russes vivant à Villiers-la-Forêt où se passe l'action du livre. La phrase suggère que le récit du gardien – qui occupe presque tout le livre – se fait en russe, bien que celui-ci ne puisse être transposé qu'en français pour un lecteur français. Ainsi, les deux langues entrent en interaction et font apparaître un effet proprement polyphonique.

Le langage qui subit des effets d'hybridisation devient ainsi « une opinion multilingue sur le monde » (Bakhtine, *Esthétique et théorie* 113) ; il exprime des intentions d'autrui attachées à ses mots ou à ses expressions. Toutefois, chez Makine, le discours bivocal, où le russe sonne derrière le français, s'effectue précisément sur le plan de l'imaginaire des deux langues. En général, dans les romans makiniens, le français est une parole des cultivés, des nobles ou des « initiés » qui ont accès à une réalité meilleure, mais qui leur reste tout compte fait méconnue, mystérieuse et même mythique. C'est aussi la voix des amoureux et de l'amour. Le russe est souvent représenté comme la voix des rudes, des gens simples ainsi que celle du régime politique qui méprise les êtres humains. Dans certains romans de Makine, comme nous l'avons démontré, l'érotisme est soit inexprimable en russe, soit il est réduit à un brutal acte charnel. Pourtant, dans plusieurs parmi eux – il en était déjà question – le russe est doté de valeurs positives et connote une « haute culture ». Tracer une frontière précise entre les voix que les deux langues introduisent serait donc difficile. Les images connotées par les deux langues se pénètrent souvent en créant des contenus nouveaux qui se situent au confluent des deux langues et cultures. C'est au niveau imaginaire qu'on peut percevoir la dialogisation et la polyphonie entre le russe et le français chez notre auteur.

Comme tout écrivain francophone, Andreï Makine éprouve une certaine insécurité linguistique[5]. Cette insécurité, conjuguée à l'admiration de notre auteur pour la France et pour sa culture, l'amène à écrire en un français hypercorrect. Ce souci d'une belle écriture, ne lui permet pas d'expérimenter en toute liberté avec la langue d'écriture où le russe se déploierait entièrement sur un mode polyphonique. À la lecture de Makine, on a généralement l'impression que les éléments russes insérés dans son français restent plutôt distincts. Pourtant, comme

---

[5] Sur cette notion, dérivée des travaux en sociolinguistique de William Labov, voir Gauvin, *La fabrique* 262–264.

nous l'avons vu, il y a chez Makine certains effets de polyphonie et d'hybridisation de la parole qui favorisent la mise en scène d'un univers de l'entre-deux, propre à son dédoublement identitaire.

Les enjeux intertextuels : l'hypotexte français

Pour parler de l'interculturalité à l'œuvre chez Makine, il nous faut recourir à la notion d'intertextualité comme système de textes et notamment leur interaction. Selon la théorie de Kristeva, « tout texte se construit comme une mosaïque de citations, tout texte est absorption et transformation d'un autre texte » (*Séméiotikè* 85)[6]. Pour Barthes, tout texte est un intertexte, d'autres textes sont présents en lui à des niveaux variables, sous des formes plus ou moins reconnaissables : morceaux de codes, des formules, des modèles rythmiques, des fragments de langages sociaux etc. (Barthes cité par Rabau 59).

Selon Gérard Genette, le texte est présent dans un autre texte sous forme d'allusion, de citation ou de plagiat. On parle alors de coprésence des textes : un texte est inséré dans un autre. Mais un texte peut aussi être retravaillé, repris sous forme de réécriture par un texte second. Dans ce cas, il s'agit de l'hypertextualité : transformation ou imitation d'un texte premier (hypotexte)

---

[6] Cela paraît convaincant dans le sens donné par Julia Kristeva à l'intertextualité qui suppose l'interaction réciproque des textes littéraires, à l'instar des voix chez Bakhtine. Il s'agit alors d'inclure le texte étranger dans l'optique du texte qui l'englobe. Pourtant, pour le chercheur russe, les voix représentent des groupes sociaux, donc elles sont conditionnées par le monde réel, tandis que l'intertextualité, en proclamant l'indépendance des textes de la réalité et même de l'auteur, dissocie le textuel du réel.

pour produire un autre texte (hypertexte), de manière satirique, ludique ou sérieuse (Genette, *Palimpsestes* 13).

On retrouve dans les romans de Makine beaucoup d'allusions à la littérature et aux arts russes et français. Le narrateur ou les personnages citent des noms de certains artistes, des écrivains ou ceux des personnages historiques ou littéraires français ; certains écrivains ne sont pas explicitement nommés, mais le lecteur aperçoit des références à leurs œuvres. Les références « russes » sont plus discrètes, des noms russes apparaissent rarement. Nous allons à présent essayer de dégager ces traces de deux sphères culturelles qui ont influencé les héros-narrateurs de Makine ainsi que l'auteur lui-même. Toutefois, il ne s'agit pas d'examiner le fonctionnement précis des hypotextes chez Makine, mais plutôt de démontrer le caractère littéraire, donc imaginaire de la France et de la Russie reconstruites par le héros.

Le héros du *Testament français* participe aux lectures et récitations de Musset, Nerval, Hugo, Heredia, Balzac, Flaubert, Maupassant et Proust, faites par Charlotte. Le narrateur avoue avoir lu aussi « Rétif de la Bretonne, Sade ou Gide » (*TF* 156), ainsi que Théophile Gautier et Georges Sand.

Parmi les écrivains français dont l'impact est visible dans la prose makinienne, Marcel Proust reste celui qui est cité le plus souvent par les critiques et les chercheurs. *Le Testament français* et *Le crime d'Olga Arbélina* commencent d'ailleurs par des épigraphes tirées de l'œuvre proustienne. Dans *Au temps du fleuve Amour*, les trois garçons – les héros du livre – écoutent le résumé de la scène de la madeleine d'*À la recherche du temps perdu* :

> Un soir d'été, rassemblés tous les trois autour du samovar d'Olga, nous écoutions son récit. Elle

parlait d'un écrivain dont elle ne pouvait pas nous lire le roman d'abord parce que le livre était trop long – il faudrait des années, disait-elle, pour le lire et toute une vie pour le comprendre –, ensuite cette œuvre n'était pas, paraît-il, traduite en russe... Elle se borna donc à nous résumer un seul épisode qui, d'après elle, en exprimait l'idée... Le héros buvait, comme nous, un thé, sans pour autant avoir droit à un samovar. Une gorgée parfumée et une bouchée de gâteau au nom inconnu produisait en lui une réaction gustative merveilleuse : il voyait renaître les bruits, les odeurs, l'âme des jours lointains de son enfance. Sans oser interrompre le récit d'Olga, ni avouer notre intuition, nous nous demandions avec un étonnement incrédule : « Et si l'image cent fois revue, celle de la tisseuse, l'odeur fraîche des chapkas couvertes de neige fondue, l'obscurité de la salle de *L'Octobre rouge*, si tout cela pouvait remplacer le gâteau du jeune esthète français, si nous aussi nous pouvions accéder à cette mystérieuse nostalgie occidentale avec nos moyens de bord rudimentaires ? (*TFA* 217)

Même sans avoir lu *À la recherche du temps perdu*, le héros du livre makinien comprend comment, chez Proust, certaines sensations appellent et ressuscitent les souvenirs des événements passés. Cela le renvoie aux sensations qu'il connaît bien : l'image de la tisseuse, l'odeur de la neige fondue sur des chapkas ou l'obscurité de la salle du cinéma. Le héros-narrateur se demande si ces associations au contexte russe pourraient, elles aussi, inciter à la nostalgie, à l'instar de la madeleine proustienne. Au début du livre, ces sensations liées à la vie en Sibérie sont représentées comme des éléments ordinaires de la vie quotidienne. Elles n'ont rien de spécial, rien de magique. Pourtant, sous l'influence de Proust, le rapprochement entre la réalité littéraire française et ses expériences quotidiennes permet au narrateur de voir sa vie sous des couleurs différentes. Cette rencontre interculturelle engendre une vision de la vie plus complexe, plus nuancée.

Dans *Le Testament français* on peut trouver plusieurs exemples de l'évocation du passé par des associations sensorielles, semblable à ce qui se passe dans le roman proustien. Comme nous avons déjà indiqué, le jeune héros et sa sœur aînée plongent dans l'atmosphère de Cherbourg quand ils entendent les mots « bartavelles et ortolans », nom d'un plat du banquet donné en l'honneur du tsar russe. Un autre exemple peut être celui de la photo de la grand-mère à l'âge de deux ans contemplée par le garçon : « Oui, cette miniscule Française qui [...] regarde le photographe et par un caprice inconscient crispe ses orteils incroyablement petits et me permet ainsi de pénétrer dans cette journée, de goûter son climat, son temps, sa couleur... » (*TF* 25). Chez Makine, ainsi que chez Proust, une certaine magie se produit à travers les expériences sensorielles, surtout visuelles, qui font naître une autre réalité.

De nombreuses traces de *La Recherche du temps perdu* dans *Le Testament français* en font un « roman proustien » et un hommage rendu à Proust. Entre autres, le récit de Makine, tout comme celui de Proust, décrit la formation parallèle de l'individu et de l'artiste.

Il semble que dans les deux univers romanesques, proustien et makinien, il y a un fort sentiment de la perte : il s'agit de la perte du paradis de l'enfance et de l'adolescence. L'objectif du héros-narrateur makinien est de retrouver, ou plutôt de reconstruire ce paradis – objectif qui se pose aussi au narrateur proustien. Bien sûr, les deux narrateurs le recherchent dans la mémoire qui – selon

Henri Bergson – conserve une vie plus réelle que celle que nous vivons à présent. La mémoire involontaire se fixe sur un nombre de sensations qui font revivre certaines scènes à ces narrateurs. Pourtant, une différence entre les deux auteurs est à signaler : tandis que chez Proust les sensations renvoient aux événements vécus dans le passé, le héros makinien *revit* les histoires, qu'elles soient racontées par sa grand-mère ou lues dans des livres. Makine puise aussi dans ses expériences russes pour faire activer sa mémoire. Par exemple, la neige et son miroitement sont souvent à la source des souvenirs sensoriels. Aussi l'idée de beauté, qui tient la première place chez Makine, renvoie à l'esthétique proustienne : elle est « ressentie le plus souvent à partir d'une sensation visuelle mais qui déclenche toute une série de correspondances olfactives, auditives, tactiles » (Parry, *Instants perdus* 111).

Il faut aussi ajouter que Proust est présent (en personne) dans la bibliothèque makinienne. Le narrateur du *Testament français* résume ainsi l'histoire racontée par sa grand-mère : « Un jour, nous suivîmes dans les rues de l'Atlantide un jeune dandy qui entra chez *Weber*, un café très à la mode, d'après l'oncle de Charlotte. Il commanda ce qu'il commandait toujours : une grappe de raisin et un verre d'eau. C'était Marcel Proust » (*TF* 122). Par ailleurs, la mère de cette grand-mère française porte le prénom proustien emblématique : elle s'appelle Albertine.

Le roman proustien est certainement le plus important, mais non pas le seul grand texte français présent dans la prose makinienne. Le fragment du poème « Fantaisie » de Nerval que Charlotte lit à son petit-fils s'inscrit dans le même paradoxe proustien d'une vie dédoublée, hallucinée, écartelée entre le rêve et le réel. Le sujet lyrique du poème évoque le souvenir d'une dame blonde aux yeux noirs qu'il avait vue « dans une autre existence peut-être » (*TF* 192); mais c'est par l'intermédiaire d'un air de musique ancien qu'il accède à l'époque et à l'endroit où il l'a vue. De nouveau, les sensations transportent le sujet dans une autre réalité ; elles engendrent des sentiments et des instants rêvés, « plus vrai que n'importe quelle réalité de bon sens » (*TF* 192).

Madame Bovary de Flaubert constitue également un hypotexte important des romans de Makine. De façon explicite, le héros du *Testament français* s'identifie à Emma : « Sans pouvoir l'expliquer moi-même ; j'entendais comme une corde vibrante dans l'âme de cette femme. Mon cœur résonnait à l'unisson. 'Emma Bovary, c'est moi !' me soufflait une voix souriante venant des récits de Charlotte » (*TF* 116). Le roman de Flaubert est proche de l'œuvre makinienne par son aspect imaginaire : Emma fuit la réalité dans laquelle elle se sent malheureuse et préfère s'adonner à des rêveries. La réalité lui semble insupportable parce que dans son adolescence passée au couvent elle avait imaginé, à partir des livres qu'elle avait lus, une vie différente, luxueuse et passionnante. Adulte, elle mène une existence monotone et tout à fait prévisible à Yonville, une petite ville aux alentours de Rouen, mais, comme on peut le lire chez Flaubert, elle essaie toujours de réaliser ses rêves d'adolescente :

> Elle s'acheta un plan de Paris, et, du bout de son doigt, sur la carte, elle faisait des courses dans la capitale. Elle remontait les boulevards, s'arrêtant à chaque angle, entre les lignes des rues, devant les carrés blancs qui figurent les maisons. Les yeux fatigués à la fin, elle fermait ses paupières, et elle voyait dans les ténèbres se tordre au vent des becs de gaz, avec des marchepieds de calèches, qui se

déployaient à grand fracas devant le péristyle des théâtres (73).

Il en va de même pour le héros makinien qui, n'arrivant pas à s'adapter à son entourage réel, se construit imaginairement un univers approprié à son identité mixte :

La France-Atlantide se révélait une gamme sonore, colorée, odorante. Suivant nos guides, nous découvrions les tons différents qui composaient cette mystérieuse essence française. L'Elysée apparaissait dans l'éclat des lustres et le miroitement des glaces. L'Opéra éblouissait de la nudité des épaules féminines, nous enivrait du parfum qu'exhalaient les splendides coiffures (*TF* 50).

Il est intéressant de voir que les personnages des deux livres s'imaginent la capitale française et qu'ils plongent dans leurs rêves avec un même plaisir sensuel. Ils réussissent à se déplacer à Paris et vivre un moment dans l'imaginaire ; ils convoitent la beauté et le raffinement et se sentent inadaptés aux circonstances dans lesquelles ils doivent vivre. Il faut souligner pourtant une différence fondamentale entre les situations des deux héros, Emma Bovary et Aliocha. Flaubert décrit une femme trop sensible qui s'ennuie à la campagne et essaie de retrouver le charme de la vie qu'elle avait imaginée. Le héros makinien, lui, vit dans une situation beaucoup plus grave : il est empêtré dans la réalité politique du XXe siècle et le communisme l'empêche de mener la vie décente des habitants de l'Europe de l'Ouest. Aussi, dans *Au temps du fleuve Amour* où il est question d'Emma Bovary, le narrateur confie-t-il :

Et dans la chambre de l'hôtel du *Lion Rouge*, j'apercevais ce que beaucoup de lecteurs occidentaux n'avaient même pas remarqué : sur la cheminée on entrevoyait, dans un rapide trait d'écriture, deux coquillages. Il suffisait de les appliquer à son oreille – Emma, l'avait-elle fait ? me demandais-je souvent – et l'on entendait le bruissement de la mer. Comme nous nous sentions proches, à ces moments, de cette femme adultère, avec nos rêves fous du Pacifique ! (*TFA*, 228–229).

Les héros d'*Au temps du fleuve Amour* imaginent qu'Emma désire une vie différente de celle à laquelle elle est contrainte, tout comme eux, ils rêvent de l'Occident. Conscients de la force de cette passion, ils acceptent et justifient les tromperies d'Emma. Ils se sentent proches d'elle, car pour eux, la vie provinciale empêche la femme de réaliser ses rêves, tout comme la vie sibérienne ne leur permet pas de vivre la vie occidentale.

Il faut aussi noter une certaine ressemblance entre Emma Bovary et Olga, l'héroïne du *Crime d'Olga Arbélina*. Les deux femmes vivent dans de petites villes dans une atmosphère provinciale et elles rêvent d'une autre vie. Il semble que toutes les deux, elles n'existent qu'à travers leurs rêves et leur imagination. Emma, grâce à son imagination, s'écarte de la vie quotidienne qui la déçoit. Olga, quant à elle, vit aussi dans une réalité seconde, construite par elle-même. Convaincue d'avoir commis l'inceste et que les voisins peuvent le découvrir, elle tombe dans la panique et ne sait plus ce qui s'est vraiment passé. Pour les deux femmes, cette vie irréelle finit mal : les deux meurent folles.

Bien sûr, il y a d'autres intertextes français dans les romans de Makine. On peut voir la réminiscence du *Colonel Chabert* de Balzac dans *La fille d'un héros de l'Union soviétique* de Makine. Les héros des deux œuvres sont gravement blessés au champ de bataille et gisent sans conscience dans des fossés pleins de cadavres. Les deux se réveillent dans cet entourage cauchemardesque et survivent à leurs blessures s'entourant de gloire. Pourtant, ils perdent leur identité héroïque à cause de femmes. Ivan, le héros de l'Union soviétique, apprend que sa fille est devenue une prostituée de luxe sur les ordres du KGB, ce qui ruine sa vie et le mène à la mort. Le colonel Chabert, lui, est repoussé par son ancienne épouse – une ancienne prostituée d'ailleurs – devenue une grande dame, et il finit sa vie dans des conditions misérables (Gourg 230–231).

La présence des chefs-d'œuvre de la littérature française dans les romans makiniens atteste sans conteste le caractère interculturel de l'univers romanesque d'Andreï Makine. Il s'agit non seulement d'une simple évocation des romans ou des personnages littéraires français, mais surtout de leur fonctionnement actif dans le texte : le comportement d'Aliocha dans *Le Testament français* est animé par celui d'Emma Bovary, comme si l'auteur voulait « transplanter » l'héroïne flaubertienne dans le cadre austère de Saranza ; un même déplacement du colonel Chambert de Balzac dans l'univers soviétique du XXe siècle fait naître son avatar soviétique, le pauvre Ivan de *La fille d'un héros de l'Union soviétique*. Les héros makiniens ont certains traits des personnages littéraires français évoqués, mais en même temps, « adaptés » aux conditions de vie de l'Union soviétique du XXe siècle, ils gagnent en épaisseur existentielle. Grâce à ce procédé, plusieurs personnages makiniens sont des êtres véritablement interculturels, bâtis à partir de deux codes culturels coprésents dans le texte.

Les enjeux intertextuels : l'hypotexte russe

On ne saurait négliger l'importance de l'hypotexte russe dans la prose de Makine, même s'il semble plus modeste que l'hypotexte français. L'œuvre de notre auteur s'apparente indubitablement au grand « roman russe » réaliste du XIXe siècle, marqué par les noms de Dostoïevski, Bounine, Gogol, Tchekhov et d'autres. L'objectif global de ces auteurs – dire la vérité sur la Russie et sur l'homme – est aussi celui de Makine. Parmi les romanciers russes dont on retrouve les traces chez Makine, évoquons surtout Ivan Bounine, le prix Nobel de littérature. Il n'est pas à négliger que l'écrivain franco-russe lui a consacré sa thèse de doctorat, bien que dans sa prose il ne le cite jamais explicitement. *Au temps du fleuve Amour* commence par un épisode qui, raconté autrement, sonnerait comme la nouvelle *Roussia* de Bounine. Dans le roman makinien, il s'agit d'une scène d'amour imaginée par le narrateur, dans laquelle il possède une femme sur un piano à queue ; tout au long de l'acte sexuel, la femme (appelée *elle* à la manière de *La vie d'Arséniev* de Bounine) s'appuie sur le clavier en poussant des bruits graves et désordonnés. Dans la nouvelle de Bounine, l'atmosphère est semblable au récit de Makine et dans une scène d'amour plutôt suggérée que racontée, la femme, Roussia, frappe la surface de l'eau avec ses jambes.

On peut découvrir certaines traces de la prose de Bounine en comparant *La vie d'Arséniev* au *Testament français*. D'abord, les deux romans appartiennent au même genre autofictif. Bounine et Makine racontent leur enfance et adolescence, mais les narrateurs portent d'autres noms que les auteurs. On peut dire que ce procédé s'inscrit dans la tradition du roman russe qui consiste à expérimenter avec ce genre canonisé tardivement dans la littérature russe. Les deux romans commencent par l'évocation d'un premier souvenir, incertain et indéfini, associé au tout début de la vie des protagonistes. Le héros de Makine se souvient : « Il n'y avait même pas de 'moi' bien précis dans sa nébulosité. Juste la sensation intense de lumière, la senteur épicée des herbes et ces lignes argentées traversant la densité bleue de l'air – bien des années plus tard j'identifierais en elles les fils de la Vierge » (*TF* 20). Quant à Bounine, il commence ainsi son roman : « Mon premier souvenir est quelque chose d'assez ténu, qui me laisse perplexe. Je me souviens d'une grande pièce éclairée par un soleil d'arrière-saison, dont l'éclat illuminait le flanc de la colline que l'on apercevait de la fenêtre donnant au midi. C'est tout, un très bref instant » (Bounine, *La vie* 12). À l'instar d'Arséniev, le narrateur du *Testament français*, à partir de son souvenir révélateur, raconte sa vie dont les étapes sont marquées plutôt par de vives émotions et découvertes de ses états d'âme que par des événements concrets. Les héros-narrateurs, tous les deux garçons trop sensibles, se transforment en jeunes hommes solitaires, mal compris par leur milieu, pour devenir plus tard écrivains.

Au fil du récit du *Testament français* il s'avère que cette image nébuleuse est un reflet du camp où le narrateur est né. Ainsi, le texte de la fin du vingtième siècle retravaille l'image du premier souvenir de l'époque communiste : cette image est toujours pleine de lumière, mais après les expériences totalitaires, elle est stigmatisée par le mal ; la clarté heureuse des premières années de la vie s'avère trop idéalisée et se trouve pervertie par les malheurs et la mort dans les camps.

Tout comme Bounine, Makine décrit rarement les grandes villes russes ; s'il parle de la vie dans son pays natal, il se concentre sur des villages ou des terrains déserts, situés loin des agglomérations. C'est là qu'on voit la vie des vrais Russes et qu'il est possible d'observer leur caractère et leur nature. En découvrant le passé de sa patrie, le garçon Arséniev se sent fier d'être Russe, bien qu'il se rende compte en même temps des atrocités qui avaient marqué ce passé. De même, Aliocha du *Testament français* constate avec force : « je suis Russe » (*TF* 216), tout en assumant mentalement la cruauté du passé récent de son pays.

Les traces de l'ouvre de Bounine sont également visibles dans d'autres récits de Makine. *La Musique d'une vie* commence dans la salle d'attente d'une gare dans l'Oural où une foule attend patiemment l'arrivée d'un train. Cette image des gens résignés et misérables déclanche toute une série de réflexions sur le caractère russe. La passivité semble le trait principal du peuple russe selon les deux auteurs, quoique, pour la désigner, Makine se réfère au terme *homo soviéticus* de Zinoviev que Bounine ne pouvait pas employer, vivant et écrivant en Russie avant le régime communiste. Dans son roman, *Le village,* Bounine décrit le peuple russe en couleurs sombres, mettant en relief la misère, la saleté et la laideur omniprésentes. Au début d'*Au temps du fleuve Amour*, comme nous l'avons déjà évoqué, on retrouve le même univers, pétrifié, uniforme et meurtri par la guerre et le froid.

On pourrait aussi trouver un certain impact de Fédor Dostoïevski sur la prose de Makine. Dans *Le crime d'Olga Arbélina*, l'héroïne, qui croit avoir commis le crime d'inceste et craint son dévoilement, s'isole de la société – et ressemble en cela un peu à Raskolnikov de *Crime et châtiment*. Olga, quant à elle, fait partie de la communauté russe qui habite à Villiers-la-Forêt près de Paris, un endroit clos et provincial où il ne se passe rien en réalité. Par contre, l'atmosphère dense et étouffante de cette ville et l'impossibilité de l'héroïne de communiquer avec l'entourage, font penser à l'atmosphère lourde et irrespirable dans certaines œuvres de Tchekhov.

Quant à Dostoïevski et Pouchkine, expliquons brièvement en quoi l'image de la Russie qu'ils décrivent ressemble à celle de Makine. Selon leur vision, la raison humaine n'est pas en mesure de saisir l'existence d'un tel pays, car il éveille une fascination proportionnelle à la cruauté de ses gouverneurs. Les héros makiniens, surtout celui du *Testament français,* ne peuvent pas comprendre leur attachement à la Russie qui augmente et devient de plus en plus dramatique au fur et à mesure que le héros découvre le degré de cruauté qui caractérise l'histoire du pays. Comme nous allons voir dans le chapitre suivant, il avoue même que pour supporter cet amour au pays, qu'il appelle le Sphinx, l'homme devrait « s'arracher les yeux, se boucher les oreilles, s'interdire de penser » (*TF,* 208).

Il faut dire aussi que, tout compte fait, Makine aspire à explorer le patrimoine culturel de ses deux patries – l'Union soviétique et la France – et en même temps, l'identité d'un individu partagé entre deux langues et deux cultures. Il se penche non seulement sur des relations entre le russe et le français, mais aussi entre l'Europe (Occident) et l'Asie (Est). Par ailleurs, cette question d'identité d'un individu issu de l'Orient et de l'Occident illustre le vieux conflit entre Slavophiles et Occidentalistes en Russie du XIXe siècle. Les premiers cultivent la russité, surtout la religion orthodoxe et l'esprit communautaire, ce qui les distingue du mode de vie occidental. Les seconds croient à des valeurs importées de l'ouest de l'Europe, notamment la philosophie allemande ou le socialisme utopique français. Les héros makiniens semblent intérieurement divisés par de pareils conflits, à l'exception de la foi orthodoxe, car la foi en Dieu est en général absente de l'univers romanesque de l'auteur. C'est l'exploration de son « âme » qui prend la place de la religion au sens d'expérience métaphysique personnelle.

  Concluons cette partie de l'analyse par un rappel et un constat : dans les romans d'Andreï Makine, les images de la France et de l'Union soviétique sont retravaillées et recréées par et dans sa mémoire. Le héros-narrateur puise son imaginaire français dans des livres et des récits anciens. Or, les images des deux patries de l'écrivain, engendrées à partir des souvenirs et des livres, ont peu à voir avec la représentation d'un pays réel. La bibliothèque virtuelle de Makine est génératrice de tout un univers imaginaire ; elle lui fournit la matière littéraire nécessaire pour qu'il conçoive *sa* France et *sa* Russie. Cependant, ni la France de la Belle Epoque, ni l'Union soviétique de son enfance, ne sont plus là. Il faut quand même ajouter que le héros de Makine puise non seulement dans les ressources littéraires russes mais aussi dans sa propre expérience pour reconstruire l'image de l'Union soviétique de l'époque de son enfance. D'où, peut-être, la disproportion entre les hypotextes français et russe dans ses romans. En fin de comptes, les deux pays makiniens nommés « France » et « Union soviétique » n'existent pas en réalité et leurs images romanesques sont puissamment investies par l'imaginaire de l'auteur. Toutefois, cela permet à l'écrivain de les transformer de façon à ce qu'un univers interculturel se dégage de ses récits.

* * *

  Andreï Makine est, certes, plein d'admiration pour le français, sa langue littéraire adoptive ; il lui attribue même un caractère mythique. Pourtant, nous l'avons vu, l'écrivain exploite largement les imaginaires des deux langues. Celles-ci se partagent certaines fonctions (vernaculaire, véhiculaire, référentiaire ou mythique) qui ne sont pas distribuées de manière univoque entre le russe et le français. Ces fonctions se mélangent, se complètent et alternent d'un livre à l'autre. Mais les images véhiculées par l'interaction de langues parviennent à offrir des contenus originaux qui situent le lecteur aux confins des deux langues et cultures. La langue, par ailleurs, n'est qu'un des facteurs qui contribuent à la création de l'univers franco-russe de Makine. Un autre en est la mémoire dont il s'agira de voir, dans le chapitre suivant, les enjeux, le fonctionnement et les modalités.

La mémoire des origines chez Andreï Makine

Besoin d'origine

Dans les romans d'Andreï Makine, les héros entreprennent une quête identitaire en se penchant sur leur origine et sur l'histoire de leur vie. Au cours de cette quête, ils puisent dans leur propre passé et celui de leurs familles, et, à partir de là, ils construisent leur propre récit. Une telle édification du récit identitaire passe par la remémoration du passé du sujet-narrateur et par la reconstruction du destin des ancêtres, qui n'est pas directement accessible à sa mémoire. Il s'agit de s'approprier le passé, de le rendre sien, de s'y retrouver.

Afin de se connaître, l'individu se fait une certaine image de lui-même en observant son comportement et son caractère. Une telle image est forcément arbitraire et illusoire. Elle englobe ce que l'homme imagine sur lui-même. Le « moi » ne cesse d'être construit par l'individu ; au cours du temps, son image se fait de plus en plus élaborée et complexe. Ce qui entre ici en jeu, c'est l'histoire de la vie de l'individu. On perçoit son moi à travers, entre autres, son histoire personnelle. Et cette histoire, on la « connaît », parce qu'on se la rappelle et on la reconstruit à partir de ses propres souvenirs. Ce que l'individu sait sur lui-même passe nécessairement par sa mémoire.

La mémoire nous donne l'accès au passé, mais elle n'est pas un réservoir des événements que nous avons vécus. Les souvenirs ne sont pas des représentations objectives ni fidèles des événements passés. La vision de notre passé transmise par la mémoire est retravaillée et déformée par le temps, par l'interférence de notre savoir et celle des histoires des autres.

Marguerite Duras parle ainsi de ce « travail » particulier de la mémoire :

> On croit que la vie se déroule comme une route entre deux bornes, début et fin. Comme un livre qu'on en ferait. Que la vie, c'est la chronologie. C'est faux. Tandis que l'on est à vivre un événement, on l'ignore. C'est par la mémoire, ensuite, qu'on croit savoir ce qu'il y a eu. [...] L'histoire de votre vie, de ma vie, elles n'existent pas, ou bien alors il s'agit de lexicologie. Le roman de ma vie, de nos vies, oui, mais pas l'histoire. C'est dans la reprise des temps par l'imagination que le souffle est rendu à la vie (*L'Amant* VIII).

Aussi, l'individu est-il incapable de saisir entièrement le sens d'un événement singulier qu'il est en train de vivre ; il a besoin de le voir enchaîné à une suite d'autres événements, antérieurs ou postérieurs. Un événement particulier, vu dans une suite d'événements qui se succèdent, acquiert un sens plus large. Des souvenirs du passé vécu permettent de le transposer dans un récit, et c'est dans le récit en tant que contexte (énonciatif et social) que se déploie le sens de l'histoire. Il s'agit ici autant de l'histoire personnelle que de l'histoire officielle, dite « grande », celle d'un pays ou d'une nation.

Toutefois, même si l'individu ressuscite le passé à partir de ce contexte plus large, ses souvenirs sont toujours incomplets, parsemés de lacunes : certains épisodes ou aspects de notre comportement passé échappent à la mémoire. Le récit nous donne la possibilité de retrouver (ou plutôt de reconstruire) ce qui nous manque. « On se refabrique un passé » (*Le naufrage* 19), dit Régine Robin.

C'est aussi l'ignorance du passé qui pousse l'individu à cette reconstruction, à cause de la « nécessité de se créer des ancêtres, de se rejouer le scénario de l'origine, de se constituer des traditions et une mémoire collective » (Robin, *Le naufrage* 30). Cerner son identité, c'est donc réinventer son passé, se le reconstruire, se le réinterpréter, y puiser ce qui permet l'identification à soi-même.

On voit cet immense travail de la mémoire dans les romans d'Andreï Makine. Son œuvre est entièrement fondée sur la reconstruction mémorielle de l'identité du héros-narrateur. Dans ses romans, le présent est le point du départ du récit et les héros makiniens sont nos contemporains qui vivent pour la plupart dans les années 1980 ou 1990. Ils sont d'origine russe et demeurent le plus souvent en exil en France (*Le Testament français, Requiem pour l'Est, La terre et le ciel de Jacques Dorme, Le crime d'Olga Arbélina*) et parfois en Amérique (*La confession d'un porte-drapeau déchu, Au temps du fleuve Amour*). Même la vie de ceux qui vivent en Russie (*La musique d'une vie, La femme qui attendait)*, ressemble à une sorte d'exil. Ils ne parlent que très peu du monde contemporain, parce que leur attention se concentre avant tout sur le temps de leur enfance et de leur jeunesse, et la remémoration des événements vécus semble leur objectif principal. Leurs histoires personnelles sont largement liées aux événements de l'histoire du XXe siècle et, dans certains cas, il semble même que cette histoire agisse comme l'actant collectif dans l'univers romanesque.

Presque tous les récits de Makine sont construits selon le même schéma narratif où le narrateur, un homme adulte, plonge dans son passé pour raconter une seule histoire, celle de ses origines. L'habileté de l'écrivain fait que le lecteur oublie le plus souvent qu'il lit un récit dans le récit. D'ailleurs, chez Makine la situation narrative initiale (du héros-narrateur qui raconte son histoire dans un « récit-cadre ») occupe relativement peu de place et tout l'effort du narrateur se concentre sur l'histoire passée racontée (le « récit encadré »). D'autre part, l'histoire du narrateur reste toujours en rapport étroit avec celles des autres protagonistes. En parlant du passé de ses proches et de sa propre enfance et jeunesse, le narrateur conserve une certaine continuité entre son parcours biographique et les destins de ses ancêtres. Par exemple, dans plusieurs romans makiniens – *La Confession d'un porte-drapeau déchu*, *Au temps du fleuve Amour*, *Le Testament français*, *Requiem pour l'Est* ou *La terre et le ciel de Jacques Dorme* –, le narrateur fait le récit du passé de sa famille : depuis le vécu de ses parents, en passant par le temps de sa propre adolescence jusqu'à son âge adulte. Dans d'autres romans, il se concentre sur la vie des inconnus qui l'a particulièrement inspiré. Même si des liens de parenté ne lient pas le narrateur aux protagonistes, leur vie semble refléter celle du narrateur ou s'y poser en contrepoint. Par exemple, dans *La Musique d'une vie*, le narrateur, un dissident russe, relate l'histoire d'une connaissance fortuite, l'ancien pianiste, Alexeï Berg, victime du régime communiste, que ce dernier lui avait racontée au cours d'un voyage en train. De façon similaire, un autre contestataire du régime, le narrateur de *La femme qui attendait*, nous parle de l'intellectuelle, Véra, qui, enfuie dans un village en Sibérie profonde attend depuis très longtemps le retour de son mari de la guerre. Dans *Le Crime d'Olga Arbélina*, une relation particulière se noue entre le narrateur et l'héroïne : immigré russe égaré dans un cimetière russe à Villiers-la-Forêt, le narrateur raconte l'histoire de la vie solitaire et de la mort d'une princesse russe en exil dans une communauté russe en France.

Il semble que le héros-narrateur makinien ait besoin des lignées d'ancêtres auxquelles il se réfère dans ses récits pour s'assurer qu'il a des origines « crédibles » et que ces ancêtres aient su garder la dignité aux moments de grands troubles de l'histoire russe et soviétique. Dans *La terre et le ciel de Jacques Dorme*, on comprend bien la situation des garçons dont les origines ne s'accordent pas avec la loi du régime. Ces adolescents russes vivent dans un orphelinat qui accueille les enfants de ceux qui ont été déclarés « ennemis du peuple ». Ils savent que leurs pères sont soit morts, soit faits prisonniers dans des camps de travail forcé, ayant été jugés criminels par les autorités du pays. Le statut des pères stigmatise les fils qui n'ont pas le droit à une vie normale, séparés de la société dans cet orphelinat afin que tous les oublient. Ils vivent cette situation comme une rupture dans leur vie et dans leur généalogie familiale. Afin de retrouver un certain équilibre et donner un sens à leur existence, ils s'imaginent la « réhabilitation » et le retour de leurs pères au foyer. Ainsi, en manipulant l'image de leur origine, ils se créent un passé fictif différent de celui qu'ils connaissent :

> Le mythe le plus partagé, le plus jalousement chéri par les élèves était précisément celui-là : le père-héros, injustement condamné, est enfin réhabilité, il revient, il entre dans la classe, interrompt le cours et provoque une extase muette chez l'enseignante et les camarades. Un bel officier dont la vareuse est blindée de médailles. Il y avait également des variantes avec des pères morts au combat, des capitaines de sous-marins. Pourtant le retour du réhabilité primait les autres légendes car il correspondait davantage à la vérité. L'établissement avait la spécificité d'abriter les enfants des hommes et des femmes qui s'étaient illustrés pendant la dernière guerre mais, par la suite, s'étaient rendus indignes de leurs exploits. Telle était en tout cas la version qu'on nous

communiquait, tantôt avec assez de tact, il faut le reconnaître, tantôt avec la hargne d'un surveillant en colère : « Tel père, tel fils... » (*TCJD*, 41–42).

L'origine mythifiée permet aux garçons de garder intacte leur dignité lorsque l'histoire la plus importante à laquelle ils peuvent s'identifier, le passé de leur famille, est condamnée par l'histoire officielle ou désapprouvée par la ligne politique du régime soviétique. Les garçons atténuent le conflit entre la réalité et le désir de vivre dans une famille normale en fictionnalisant leurs histoires familiales. Cette activité ressemble à celle du héros du *Testament français*, qui fait le récit de sa vie pour refaire son identité.

C'est donc pour retrouver des racines dignes et profondes que les héros-narrateurs makiniens retracent les histoires familiales, de vraies sagas biographiques. Dans *Requiem pour l'Est*, par exemple, nous apprenons en détail l'histoire des grands-parents et celle des parents du héros-narrateur. Son grand-père, Nikolaï, rentré du front à son village natal le lendemain de la Première Guerre mondiale, trouve une femme enceinte, enterrée jusqu'au cou. Il la déterre et aperçoit que les oppresseurs lui ont coupé la langue pour qu'elle ne puisse pas témoigner de ce qu'elle avait vu et vécu. À cette femme muette qu'il épouse bientôt, il donne le prénom d'Anna. Pavel, leur fils, vit une enfance heureuse malgré le communisme qui s'installe dans le pays après la Révolution bolchevique. Pourtant, devenu adulte, à l'époque de la Deuxième Guerre mondiale, il se retrouve au front dans une compagnie disciplinaire pour avoir surpris et attaqué trois officiers de sa propre compagnie en train de violer une femme. Il survit miraculeusement, mais après la victoire, il n'arrive à trouver aucun endroit pour vivre dans ce pays qui le rebute. Comme il ne se soumet pas aux commandements du nouveau régime, il devient bientôt suspect pour les autorités et court un grand danger. Il s'installe donc dans le Caucase, loin des gens, avec une femme balkare. C'est là que va naître leur unique enfant – le narrateur du livre. Quand les parents, toujours en conflit avec le régime, comprennent qu'ils ne pourront plus vivre en sécurité, le petit est transporté à l'orphelinat des enfants des ennemis du peuple par Sacha, une vieille amie de la famille. D'autres histoires familiales chez Makine se déploient, elles aussi, sur plusieurs générations et se trouvent toujours confrontées, sur un mode épique, à la grande histoire collective russe.

Tous ces récits de vie générationnels non seulement sont confrontés, mais dépendent explicitement de l'histoire du pays où vivent les héros. Il s'agit en principe de la Russie ou de l'Union soviétique, selon les époques évoquées, et parfois d'autres pays dont le plus important est la France. Habituellement, le héros-narrateur se projette lui-même dans le passé national pour suivre les traces de ses ancêtres qui avaient participé aux événements majeurs de l'histoire russe, ce qui lui permet d'éprouver le sentiment d'appartenance à une nation précise, à un groupe dont l'héritage historique reste commun. Mais cette identification s'avère souvent douloureuse. Car l'histoire russe comporte des épisodes durs et cruels que le héros n'arrive pas à accepter. En dehors des viols de femmes commis par Lavrenti Beria, qui bouleversent le héros du *Testament français,* il s'agit de toutes les cruautés des premières années du communisme, comme les arrestations des « koulaks » et des « saboteurs », les purges des prétendus « ennemis de la patrie » ou la famine en Ukraine dans les années 1930. Dans un bref récit, *La musique d'une vie,* on voit le musicien Berg dont la famille a été arrêtée et tuée sur les ordres du régime. Dès lors, sa carrière de pianiste est brutalement interrompue et sa vie mise en danger du seul fait qu'il appartient à une famille d'artistes, considérée comme « privilégiée » par les autorités soviétiques. Mais outre ces atrocités, le narrateur reproche aux dirigeants de son pays d'avoir subjugué ses habitants, afin qu'ils deviennent des êtres passifs, des *homo soviéticus* facilement manipulables :

> Si je les réveillais et les interrogeais sur leur vie, ils déclareraient sans broncher que le pays où ils vivent est un paradis, à quelques retards de trains près. Et si soudain le haut-parleur annonçait d'une voix d'acier le début d'une guerre, toute cette masse s'ébranlerait, prête à vivre cette guerre comme allant de soi, prête à souffrir, à se sacrifier, avec une acceptation toute naturelle de la faim, de la mort ou de la vie dans la boue de cette gare, dans le froid des plaines qui s'étendent derrière les rails (*MV*, 21)

La Russie n'est pas le seul pays auquel le héro-narrateur s'identifie en assumant l'ambiguïté de ses origines. Dans plusieurs romans, tels que *Au temps du fleuve Amour*, *Le Testament français*, *Requiem pour l'Est* ou *La terre et le ciel de Jacques Dorme,* une femme, le plus souvent amie de la famille du héros, devient médiatrice d'une filiation étrangère, française. Grâce à ce personnage interposé, le héros plonge dans la langue et la culture françaises, ce qui déclenche en lui le désir d'une nouvelle identification, cette fois à la culture occidentale. Le récit identitaire que le héros entreprend pour diminuer la tension qui naît de cette double identification, l'aidera à concilier sur un mode imaginaire sa double appartenance et à dévoiler son identité complexe.

On voit que dans tous les romans évoqués, l'ambiguïté de l'origine est éprouvée comme un problème d'ordre existentiel. D'habitude, l'appartenance russo-française engendre des tensions et suscite l'incompréhension de la part des autres. Dans d'autres cas, l'origine métisse du narrateur ne semble pas « correcte » parce qu'elle va à l'encontre de la ligne politique qui idéalise le « grand peuple russe ». Dans tous ces cas de figure, le héros cherche à se recréer une origine compatible avec les circonstances parce qu'il souffre l'exclusion de la part de l'entourage. C'est, semble-t-il, par cette stratégie de poursuite, d'accommodation et de mythification de l'origine que s'exprime le sens de la « mise en fiction » de l'identité chez Makine.

L'identité narrative

Au moment d'entamer son récit mémoriel, Aliocha, le héros-narrateur du *Testament français*, se trouve en France. Il procède par la remémoration de ses souvenirs et remonte à sa grand-mère française, Charlotte Lemonnier, établie à Saranza, une ville en Sibérie, où il passait avec sa sœur les vacances d'été. La grand-mère transmet aux enfants un héritage culturel qui aura un énorme impact sur la vie du garçon. En leur racontant des contes fondés sur ses souvenirs de la France du début du XXe siècle, la femme devient un « filtre » par lequel les enfants s'incorporent la francité. Le héros assimile et intériorise l'identité française grand-maternelle au point de constater que la France est « greffée » dans son esprit. Mais, comme nous l'avons déjà constaté, il s'aperçoit bientôt que la réalité est brisée et duelle, selon qu'elle est vue du côté français ou du côté russe (comme l'atteste l'exemple du mot *tsar* évoqué dans le chapitre précédent). Ce dédoublement culturel devient de plus en plus pénible à assumer. Quand le héros est jeune, son identification aux valeurs, à la langue et à la culture françaises, incite l'animosité des Russes, tandis que l'assimilation au groupe des pairs russes s'avère difficile à cause de son appartenance française. Dès lors, Aliocha essaie d'opter pour une seule culture et de condamner l'autre, même si finalement cela s'avère impossible, car elles demeurent inséparables toutes les deux. Le héros se tourne alors contre sa grand-mère française qu'il accuse de lui avoir transmis tout ce poids « nocif » de l'héritage culturel français ; à la fin, son côté français se révèle *autre*, emprunté ; il est une composante importante, mais pas la seule de son identité culturelle.

Dans *Le Testament français* on peut observer comment la personnalité d'Aliocha s'épanouit et change au cours du récit sur son enfance et sa jeunesse[1]. Dans les romans makiniens, le récit autobiographique est retravaillé, filtré et reconfiguré par le « substrat » russe et le « superstrat » français du héros qui seront à leur tour perturbés au cours du processus de la construction

---

[1] Ce processus de mutation correspond à l'idée d'*identité narrative* proposée par Paul Ricœur selon lequel « c'est à l'échelle d'une vie entière que le soi cherche son identité » (*Soi-même* 57). D'après Ricœur, deux composantes de l'identité, la *mêmeté* et l'*ipséité*, permettent d'approcher l'identité de l'individu en tant que narration. La *mêmeté* renvoie au caractère stabilisant ; l'identification de l'individu est possible grâce aux traits fixes. La deuxième notion, l'*ipséité*, renvoie au caractère temporel ; elle permet l'identification d'un être à soi-même et se compose des *identifications-à* : à des valeurs, à des normes, à des idéaux, à des modèles et à d'autres éléments acquis durant la vie dans lesquels une personne ou une communauté se reconnaissent et auxquels elles sont fidèles. L'identité narrative s'articule au croisement de l'identité du même (*la mêmeté*) et du soi (*l'ipséité*), entre le maintien du soi, stabilisant, et des *identifications-à* ; elle permet d'accepter le changement constant de l'identité, étant donné qu'elle s'appuie sur la narration (le récit) avec son aspect temporel. En ce sens, l'identité narrative est la somme de trois éléments : la narration, la manière de raconter et l'identité.

identitaire. Significativement, dans *Le Testament français* le narrateur cherche à concilier les deux facettes de son identité en confectionnant un récit du passé et, par là même, il entreprend une quête identitaire que va ranimer le travail de la mémoire. Quand il amorce son récit, plusieurs années ont déjà passé et ont effacé en partie ses souvenirs. Aussi, le narrateur reconstruit-il son passé plutôt qu'il ne se le rappelle; par le travail de la mémoire, il projette son imaginaire présent sur le passé. Ce passé sans cesse remémoré par le héros est loin d'être objectif, et l'histoire racontée n'est ni chronologique ni linéaire. Elle constitue à la fois récit et commentaire. Les faits racontés peuvent relever de la réalité tout autant que de la fiction. Raconter de façon fidèle les événements du passé devient alors une entreprise improbable, d'autant plus que les faits avaient été déjà déformés par la mémoire de Charlotte.

À l'instar du *Testament français*, *Requiem pour l'Est* se construit aussi autour d'un récit qui aboutit à la réconciliation imaginaire de l'identité du narrateur avec lui-même. Le narrateur dont le nom véritable reste inconnu est un espion aux services de l'Union soviétique. Il est donc censé changer des identités civiles selon les différents pays où il accomplit sa mission d'espionnage. Les propos prononcés par sa partenaire complice : « Un jour il faudra pouvoir dire la vérité... » (*RE*, 26), l'incitent à une quête identitaire. Frappé par le mot « vérité » et incertain de ce qu'il veut dire dans les circonstances, le héros remonte à ses origines pour en trouver la signification. De nouveau émerge la réalité russe du début des années 1950 : les parents du héros vivent dans la montagne déserte du Caucase, dans une simple maison où le régime soviétique les a chassés. L'histoire ne s'arrête pas là, elle est prolongée par l'évocation des grands-parents, Nicolaï et Anna, mentionnés avant. Ainsi la genèse de la famille du héros se rétablit et transporte le garçon dans l'univers russe. Significativement, au moment même de cette quête d'origine, une femme française, amie de la famille, fait surgir le souvenir de sa langue et de sa culture d'origine dans l'univers « russe » du récit.

> Et c'est en simple écho à ton souhait de vérité que je me mis à te raconter la naissance du monde dans le regard de cet enfant perdu au milieu des montagnes. Sa peur de comprendre, son refus de nommer et son salut par la musique d'une langue inconnue. Il a vacillé un instant au seuil de nos jeux de plaisirs et de mort et s'est laissé noyer de nouveau dans l'intimité fraternelle de l'univers. La femme qui le tenait dans ses bras continuait à chanter doucement sa berceuse même quand l'écho des coups de feu est parvenu de l'autre rive du courant. Cette langue inconnue était sa langue maternelle (*RE*, 27).

Plus tard, le héros apprendra cette deuxième langue et s'imprégnera d'anecdotes et de poèmes français dont la femme lui fera la lecture. Pourtant, tout comme le héros du *Testament français*, il sera confronté aussi aux tensions résultant de sa double filiation culturelle. Un jour, un camarade de classe reproche au héros que son père a été abattu « comme un chien » (*RE*, 104) par des mitrailleurs. Dès lors, le garçon prend conscience de sa dualité ; il voit que le côté français de son existence est beau, mais n'a rien en commun avec la quête de la vérité identitaire et familiale qu'il mène au cours de son récit. Il va vite comprendre quelle vérité se cache derrière sa « greffe française » révélée par la femme française dont le nom a été russifié, travesti en « Sacha ». Sa vie dure dans l'Union soviétique constitue une vérité indéniable, une vérité à elle. La quête identitaire du héros aboutit, entre autres, à la découverte que les destins individuels ont une valeur inaliénable dans le monde amorphe du régime totalitaire.

Dans *Requiem pour l'Est*, on le voit, l'identité narrative s'articule au croisement de deux types d'identifications, la *mêmeté* (l'identification du même) et l'*ipséité* (l'identification de soi). La *mêmeté* du personnage se manifeste dans le récit de son histoire familiale qui fixe ses origines et lui assure une stabilité biographique, même illusoire. Si les deux côtés de cette généalogie, russe et français, sont par moments conflictuels, ils se combinent plutôt dans une origine immuable. L'*ipséité*, par contre, se manifeste dans de multiples identités que le héros est censé assumer au cours de sa vie. D'abord, en tant que médecin militaire, lorsqu'il se trouve au cœur des malheurs des guerres. Ensuite, en tant qu'espion, il change constamment d'identité et d'endroit durant plusieurs années. Peu à peu, il oublie l'enfant du Caucase qu'il était et son appartenance française : « Et quand, engagé par l'armée, je me retrouvai à soigner les soldats des guerres non déclarées que l'empire menait aux quatre bouts de la planète, la nuit de l'enfant devint, peu à peu, l'unique trace grâce à laquelle je me reconnaissais encore.

Un jour, cette trace s'effaça » (*RE*, 29).

Il revient à cet enfant en racontant son histoire à sa complice. Ainsi, renoue-t-il avec « la nuit du Caucase » et avec son origine. On voit bien que, tout comme le héros du *Testament français,* l'espion de *Requiem pour l'Est* entreprend un récit du passé pour cerner et reconstituer son identité. Son récit paraît d'autant plus cohérent qu'il lui trouve un destinataire : la femme aimée, sa partenaire-espionne dont la vraie identité lui est inconnue, mais à qui il s'adresse directement par un « tu ». Grâce à cela, le protagoniste de son récit – en tant qu'adolescent – devient un être plus réel, bien que la narration de la vie du héros ne puisse pas pour autant être considérée comme objective. Il s'agit plutôt d'une projection des idées et des souvenirs de l'homme adulte sur le passé, ce qui donne un récit consistant de sa vie. Il reste cependant à analyser le rapport entre la part de l'objectivité et de la subjectivité, entre le réel et l'imaginaire, dans ce récit du passé.

Autobiographie ou autofiction ?

Comme nous avons pu le voir, il est impossible pour l'écrivain qui retourne à son enfance et à son adolescence de décrire le passé de façon objective. Notre capacité cognitive ne nous permet pas d'accéder directement au passé. Si nous réussissons à le convoquer, son image sera forcément déformée, transfigurée ou idéalisée par l'activité de notre savoir et de notre imagination qui ont tous les deux un caractère créateur.

C'est la « mémoire autobiographique » qui permet à l'individu de saisir sa propre histoire et l'image de sa propre personnalité. Ce terme, emprunté à la psychologie, a été le sujet de recherche de nombreux psychologues, à partir de Freud. La mémoire autobiographique semble être celle qui organise la narration de la vie des héros-narrateurs makiniens. Elle est chargée de préserver ce qui forme l'histoire individuelle de chaque héros, surtout ses propres actes et ses souvenirs des actes des autres. Pourtant, suite à l'accumulation des expériences individuelles, le caractère du regard porté sur le passé évolue et s'élargit. C'est pourquoi l'individu attribue *ex post* aux événements passés un autre sens qu'au moment où ils ont eu effectivement lieu. Le matériau conservé par la mémoire autobiographique est structuré surtout selon le principe de la succession temporelle. Cela permet de relier des événements passés entre eux et d'expliquer quels actes et comportements ont eu une influence sur d'autres. Pourtant, l'ordre supposé des événements conservés dans la mémoire n'est pas nécessairement celui du passé réel, car la mémoire, en agissant en retour sur les souvenirs, manipule le passé et diffracte les connaissances accumulées par l'individu.

La prose d'Andreï Makine est un bon exemple de la complexité avec laquelle les romanciers d'exil gèrent leur passé au travers de leur mémoire. Le premier procédé, le plus manifeste chez Makine, est l'évocation sur un mode nostalgique des souvenirs de son pays d'origine. Le mot « nostalgie » vient du grec *nostos*, qui veut dire « retour » ; Milan Kundera l'explique ainsi dans son récit, *L'Ignorance* : « Le retour, en grec, se dit *nostos*. *Algos* signifie souffrance. La nostalgie est donc la souffrance causée par le désir inassouvi de retourner » (11). Le ton nostalgique suggère donc la volonté de retourner au pays de l'enfance, ce qui est impossible. Pourtant, s'agit-il vraiment du retour au pays natal ? *L'Ignorance* de Kundera en offre la réponse : les deux protagonistes, Irena et Josef, émigrés tchèques en France et en Suède, décident de retourner à leur patrie. Mais sur place, à Prague, ils ne retrouvent pas le bonheur escompté ; bien au contraire, ils s'y sentent mal compris et déçus. Quant à Andreï Makine, qui consacre presque toute son oeuvre à la remémoration de son pays natal, il déclare ne pas vouloir rentrer, ni même faire un voyage touristique en Russie. Dans son cas, il semble que le pays natal ne soit pas le véritable objet de nostalgie. Selon Kant déjà, on ne regrette pas tant l'endroit perdu que soi-même dans cet endroit. Le nostalgique n'explore pas le vrai lieu de son passé, mais les images d'un passé qui apparaît, dans la perspective nostalgique, comme magnifique et innocent (Zaleski 16–17).

Ainsi, dans le récit de Kundera et dans les romans de Makine, il s'agit moins du retour au pays natal mais plutôt de la volonté de revivre le passé, l'enfance ou la jeunesse, telles qu'on se les remémore. Pour ce faire, l'écrivain d'origine russe adhère à son narrateur, homme adulte qui retourne de façon imaginaire à son passé et se remémore sa vie incarnée par le garçon qu'il a été. Il est d'ailleurs fréquent que la nostalgie se manifeste sous la forme du roman initiatique ou de l'autobiographie, et l'œuvre de Makine se rapproche sans aucun doute de ces deux formes génériques.

Compte tenu du fonctionnement de la mémoire autobiographique, la question est de savoir si les écrivains dits « migrants », dont Makine, écrivent des autobiographies. Le problème déjà mentionné de l'authenticité et de la véridicité du biographique dans ce type de récit y est sans doute décisif.

Selon Philippe Lejeune, l'autobiographie est un « récit rétrospectif en prose qu'une personne réelle fait de sa propre existence, lorsqu'elle met l'accent sur sa vie individuelle, en particulier sur l'histoire de sa personnalité » (Lejeune, *Le pacte* 14). Il en résulte que les faits décrits devraient correspondre aux faits réels de la vie de l'auteur. Pourtant, nous l'avons discuté, la mémoire autobiographique qui nourrit l'écriture d'un récit de vie ne nous livre pas nécessairement l'image fidèle du passé.

Comme nous l'avons déjà vu, dans la prose de Makine on retrouve beaucoup de faits qu'il est possible de considérer comme des événements réellement fondés sur sa vie. L'auteur reconnaît lui-même avoir exploré plusieurs trames personnelles en écrivant *Le Testament français* et *Requiem pour l'Est* (Masłoń 273). Dans ce contexte, il est intéressant de voir que le héros du *Requiem pour l'Est* semble être le même adolescent orphelin que celui de *La terre et le ciel de Jacques Dorme*. Certains détails concernant l'enfance du héros sont présentés dans l'un de ces romans, et d'autres détails – dans l'autre, en sorte que la période qui est occultée dans *Requiem pour l'Est* est révélée dans *La terre et le ciel de Jacques Dorme*.

On pourrait avancer l'hypothèse qu'*Au temps du fleuve Amour* révèle aussi des événements de la vie de l'auteur : le narrateur adulte habite en Occident et, en racontant ses aventures amoureuses, fournit « la matière brute » à son ami Outkine, l'écrivain[2]. C'est à ce moment de son existence qu'il entreprend le récit sur son enfance passée en Sibérie avec deux autres amis. Ces trois adolescents, sensibles et fascinés par la culture française, rêvent de connaître l'Occident. Ce rêve est renforcé par la présence d'Olga, une noble russe qui a passé sa jeunesse à Paris où elle a appris le français. La femme initie les trois garçons à la culture et à la littérature françaises en leur lisant les extraits d'*À la recherche du temps perdu* de Marcel Proust.

De même, *Confession d'un porte-drapeau déchu* contient aussi des éléments autobiographiques. Le héros-narrateur, Kim Evdokimov, est un écrivain russe émigré à Paris. L'action principale du récit évoque le passage des adolescents insouciants, qui croient en « l'avenir radieux » de la propagande communiste, à l'âge de la révolte contre le régime totalitaire. Cette révolte, médiatisée par une expérience familiale biculturelle, est aussi le sujet du *Testament français*, de *Requiem pour l'Est* et de *La terre et le ciel de Jacques Dorme*.

Or, selon ses aveux dans plusieurs interviews, Andreï Makine est né en Sibérie, et c'est pendant son enfance qu'il découvre la langue française et le rayonnement de la culture française. En cela, il est proche des personnages de ses romans. Dmitri, le héros d'*Au temps du fleuve Amour,* ressemble lui aussi sous certains

---

[2] En effet, le narrateur croit que Outkine est devenu écrivain. Au moment de la rencontre des deux amis, vers la fin du livre, il s'avère que celui-ci est auteur de bandes dessinées.

aspects au héros du *Testament français*, tout comme les protagonistes principaux de *Requiem pour l'Est* et de *La terre et le ciel de Jacques Dorme*.

Comme Andreï Makine reste très discret à propos de sa biographie[3], il est difficile de trouver des ressemblances précises entre la vie de ses héros et son propre parcours. Son œuvre ne peut donc être considérée comme autobiographique qu'à partir de quelques éléments assez généraux: l'enfance passée en Union soviétique, une parente française qui lui a appris le français, l'émigration en France, le fait d'être écrivain comme certains héros de ses romans. Pourtant, il y a plusieurs facteurs qui contribuent à l'illusion autobiographique dans la prose de Makine. Tout d'abord, le choix de la narration à la première personne du singulier. Ensuite, le sentiment de l'authenticité et du vrai, dû à la puissante illusion de l'incarnation de l'écrivain en ses personnages. Enfin, la fidélité de l'auteur aux sujets, thèmes et motifs russes (l'histoire et les coutumes du pays, les portraits détaillés de ses habitants) qu'il développe avec beaucoup de connaissance. Mais en même temps, Makine refuse de tracer les frontières entre le réel et l'imaginaire, ce qui renforce les suppositions sur le caractère authentique des événements rapportés dans sa prose.

Dans ses analyses sur l'authenticité et la vraisemblance romanesques, Philippe Lejeune, spécialiste du genre biographique et autobiographique, oppose le pacte autobiographique au pacte romanesque. Il s'agit, respectivement, des œuvres qui semblent « réels », c'est-à-dire semblent raconter l'histoire de l'auteur, et des romans dont il est clair qu'ils racontent une histoire fictive. Bien

---

[3] Andreï Makine avoue qu'il évite de répondre à la question de savoir si *Le Testament français* est autobiographique. Il affirme en même temps que « tout est autobiographie », en mentionnant Flaubert et sa fameuse constatation : « Emma Bovary, c'est moi ». Voir Masłoń 273.

que les deux pactes s'excluent mutuellement, le chercheur arrive à la conclusion qu'on peut – hypothétiquement – écrire un roman qui se situerait à la lisière des deux pactes. Ce type de roman est nommé « autofictif ». Le terme « autofiction » a attiré l'attention de plusieurs chercheurs et écrivains[4] qui en ont élaboré des définitions et théories variées. Pourtant, quel que soit le mode de réalisation du récit autofictif, elles soulignent toutes qu'à la base de l'autofiction se trouve le désir de se recréer à travers l'écriture. Pour caractériser l'œuvre autofictive, Robin évoque le phénomène de « totipotentialité », tiré du règne végétal : il s'agit de la reproduction de l'ensemble d'une plante adulte à partir de son fragment. Des sujets qui se reproduisent de cette manière sont en perpétuelle transformation, dans la souffrance de ne pas être soi, dans une fragmentation sans mémoire (Robin, *Le Golem* 18). Par analogie, c'est cette souffrance de ne pas être soi, de ne pas exister, qui est à la source de l'autofiction. On écrit de l'autofiction pour être ; quand on n'est pas certain de son existence, on passe son temps à la refaire. Le sentiment d'inexistence ne peut trouver refuge que dans l'écriture. C'est donc par l'écriture que les écrivains refont leur vie dans le texte.

Aussi, pour retrouver la vérité sur soi-même et sur sa vie, l'auteur recrée sans cesse son histoire, réécrit les esquisses de sa vie en les stylisant ou en les simplifiant provisoirement. Autrement dit, il rejette l'objectivité parfaite. La fiction qu'il crée en racontant sa biographie devient « l'histoire de sa vie ». Le sens d'une telle histoire n'existe pas *a priori*, c'est à l'homme de le construire. En ce sens, la fiction que l'homme invente sur sa vie englobe sa vérité à lui.

---

[4] A ce propos voir surtout Lejeune, *Le pacte*, Doubrovsky, Hubier, Lis.

Comme nous avons déjà suggéré, dans une bonne partie de ses romans Makine raconte peut-être l'histoire d'un même garçon russe. Bien sûr, la situation du héros change d'un récit à l'autre. Pourtant, certains traits rapprochent les personnages des différents romans et constituent un même schéma narratif. Le héros est d'habitude orphelin et vit tantôt dans un orphelinat pour enfants des « ennemis du peuple », tantôt dans un village en Russie profonde avec sa tante, et tantôt dans une famille qui s'avère finalement sa famille adoptive. Dans son entourage, il y a souvent une femme qui joue le rôle du « passeur » en lui transmettant la langue ou la culture française. Le développement de la sensibilité de l'enfant-héros paraît aussi similaire d'un récit à l'autre. Le garçon grandit en Union soviétique et, à un moment donné, il découvre la francité qui le fascine et qu'il absorbe. Des tensions entre la composante française et la composante russe de son éducation l'éloignent du milieu de ses pairs, bien qu'au bout du compte il arrive à les surmonter et à assumer les deux facettes de son identité.

Les romans dont le héros principal est un adolescent, peuvent être considérés comme autofictifs. On peut supposer qu'à travers ce personnage, l'écrivain revient à sa propre enfance et adolescence. En décrivant le destin du garçon, l'auteur refait sa vie passée. On voit bien qu'il s'agit de variations sur le sort d'un même personnage, d'un même garçon russe, par le seul fait qu'il est le protagoniste de plusieurs romans dans lesquels sa situation change, comme si Makine essayait de se revoir dans différentes circonstances. D'où sa tentative de se recréer. À partir d'un aspect de sa biographie – la double appartenance culturelle médiatisée par une femme –, le narrateur reproduit perpétuellement l'histoire de sa vie, laquelle subit une transformation constante, à l'instar de la plante totipotentielle évoquée par Robin. La personnalité du héros est divisée, dispersée et disséminée, mais l'auteur tache de la ressaisir par l'écriture.

Un autre élément autofictif des romans de Makine tient à ce que l'auteur refuse de tracer une frontière nette entre le réel et l'imaginaire dans sa prose, tout comme il brouille lui-même les pistes de sa biographie. Par exemple, dans divers interviews, il donne pour son lieu de naissance soit Krasnoïarsk, soit Novgorod, deux endroits bien éloignés, car l'un se situe en Sibérie et l'autre, dans la partie européenne de la Russie. Cela rend problématique la mythologie des origines construite au plan romanesque. Si Makine est né à Novgorod, le mythe de la Sibérie profonde comme « terre natale » serait une pure projection fantasmatique.

Examinons aussi, dans ce contexte, le rapport du texte à la vie, ou plutôt celui de la vie au texte. Comme nous l'avons déjà dit, le héros-narrateur de romans tels que *Le Testament français* ou *La terre et le ciel de Jacques Dorme* est un romancier fictif en train d'écrire un livre, et tout le roman peut être lu comme la représentation du chemin vers la création du livre que nous sommes en train de lire. Dans *Le Testament français,* le héros adulte demeure un certain temps dans une cave dans un cimetière à Paris, où il entreprend l'écriture du récit intitulé *Charlotte Lemonnier. Notes biographiques.* En lisant le roman, on est tenté de se poser la question sur le rapport entre ces *Notes* et *Le Testament français* en puissance. En effet, la situation du narrateur, qui commence à écrire le récit sur la vie de Charlotte dans le cimetière, rappelle celle de Makine lui-même. L'auteur du *Testament français* a commencé sa carrière d'écrivain après son installation en France dans des conditions précaires. On voit, dans ce contexte, que *Le Testament français* est un roman autoréférentiel dont *Notes* constituent une mise en abyme. La mise en abyme, définie comme la réduplication du texte du récit, de certains de ses éléments ou de son écriture à l'aide de différents procédés narratifs (Dällenbach 83–84), est d'ailleurs fréquente dans *Le Testament français*. Par exemple, l'image de Neuilly-sur-Seine fabriquée par le narrateur à l'instar d'une *dérevnia* (voir p. 66 dans le chapitre précédent), anticipe le mécanisme de la création du roman, qui est une synthèse des éléments réels et des images tirées de la littérature française (Sadkowski 309).

La mise en abyme du roman au moyen des *Notes biographiques* peut être lue comme un indice de l'identité entre le héros-narrateur et l'auteur du *Testament français*. Malgré la différence entre les noms (Andreï Makine et Aliocha), on peut conclure que le roman est une autofiction : il s'agit de la reproduction de l'ensemble d'une vie à partir de son fragment (comme dit Régine Robin). Aussi, le roman peut-il être lu comme une tentative de recréer la vie de l'auteur sous le faux nom d'Aliocha par et dans le texte.

Nous avons dit qu'il était difficile de séparer ce qui est « vrai » de ce qui est « faux » dans la matière biographique textualisée par Makine. D'ailleurs, il découle de l'analyse de la mémoire autobiographique que l'enjeu n'est pas de décider quelle partie du roman reprend la vérité sur la vie de l'auteur. Comme la frontière entre le réel et l'imaginaire est confuse, la question de savoir si la prose makinienne est autobiographique ou non cesse d'être pertinente. Il s'agit de voir la manière dont l'écrivain se recrée dans ces œuvres, comment il interroge le développement de son identité, plutôt que de scruter les détails de sa vie réelle contenus dans ses livres.

À l'instar du *Testament français, La terre et le ciel de Jacques Dorme* peut être considéré comme un roman autoréférentiel. On le perçoit comme le récit de vie d'un *alter ego* de l'auteur. Le narrateur, tout comme Makine, est un écrivain d'origine russe vivant en France et écrivant en français. Il essaie d'explorer la montagne Trident en Sibérie, l'endroit où le pilote Jacques Dorme est mort, parce qu'il souhaite écrire un livre sur ce pilote. Deux ans après, le roman est refusé par l'éditeur, sous prétexte qu'il y a « trop de choses brutes, pas du tout retravaillées par l'imaginaire » (*TCJD,* 33). Pendant la rencontre du narrateur avec l'éditrice, cette dernière évoque certains éléments « bruts » du roman refusé : la rencontre avec un général, le couple composé d'un enfant et d'une vieille femme française... Or, c'est bien le narrateur de *La terre et le ciel de Jacques Dorme* qui a eu l'occasion de voir le général de Gaulle. Il a connu aussi une Française qui l'a initié à la culture et à la littérature. La scène au bureau de l'éditeur nous rend confus : on ne sait pas si le personnage qui se voit refuser son manuscrit est le narrateur ou l'auteur de *La terre et le ciel de Jacques Dorme*, un personnage romanesque ou Makine lui-même.

  Cette autoréférentialité suggère que le roman est une sorte de variation sur la vie de l'auteur. C'est un récit de vie disséminé : à partir d'un épisode (la rencontre avec l'éditrice), l'auteur reproduit sa vie en explorant des motifs réels (la vieille dame Française, le métier d'écrivain, l'exploration de la littérature française) et en y ajoutant des éléments imaginaires. Son but n'est pas de décrire sa vie de façon fidèle, mais de la montrer comme un récit, comme une histoire possible dont le sens se construit au cours de l'énonciation.

  Répétons que les histoires familiales chez Makine sont construites d'éléments réels et imaginaires. Dans *Requiem pour l'Est,* l'auteur invente le passé des protagonistes. En tant qu'espions, le héros et sa partenaire ne sont pas autorisés à évoquer leur vraie identité ni leur vraie vie. Au contraire, on leur a fabriqué un passé commun correspondant à leurs identités d'emprunt, celles d'un couple de chercheurs canadiens qui dirigent une prospection géologique. En guise d'alibi identitaire on leur a fourni un album de photos représentant leur vie de couple :

> Des photos de famille, de notre famille qui n'avait jamais existé, qui n'avait pour réalité que ces visages souriants de nos soi-disant proches et de nous-mêmes dans un décor de vacances ou de réunions familiales. [...] Glissé dans le coin poussiéreux d'un rayonnage, cet album, avec sa bonhomie de routine conjugale, était plus convaincant que la légende la mieux élaborée (*RE*, 72).

Voilà un des paradoxes de la vie des héros : ils n'ont pas vécu ce passé photographié que le faux album est censé prouver ; ils ont quand même vécu une autre vie commune qui n'a pas laissé de traces matérielles. Dans l'expérience des protagonistes, le vrai et le faux s'excluent et s'aimantent à la fois. D'un côté, la vie de couple perpétuée sur des photos semble avoir été inventée pour cacher, voire « effacer » leur vrai passé. De l'autre, l'existence du faux album, les pensées qu'il déclenche, sa signification même pour les protagonistes – tout cela dit l'expérience véritable vécue par des héros. Le faux passé doit être crédible pour qu'ils évitent le danger qui les guette dans leur mission d'espionnage. Ainsi, le faux fait irruption dans leur vie réelle et devient même une condition importante de leur survie.

Requiem pour l'Est contient donc des histoires vraies (les souvenirs que chacun des héros garde de son passé) et une histoire fausse (fabriquée grâce à l'album de famille). Mais il y subsiste aussi un espace entre-deux, créé à la lisière de la vérité et de l'invention :

Le faux album rappela soudainement qu'il y avait ces trois années de notre quotidienne complicité, un rapprochement insensible, un attachement auquel nous évitions de donner le nom de l'amour. Il y avait l'existence lointaine de notre pays, de cet empire fatigué dont nous reconnaissions, même à travers la nuit africaine, la masse qui aimantait nos pensées. Il y avait ses odeurs et ses fumées d'hiver au-dessus des villages, les neiges de ses bourgades muettes sous les tempêtes blanches, ses visages marqués par les guerres oubliées et les exils sans retour, son histoire où le tintamarre victorieux des cuivres se brisait souvent sur un sanglot, sur un silence rythmé par le piétinement d'une colonne de soldats après une bataille perdue. Il y avait, enfouies dans cette neige et ces routes boueuses, les années de notre enfance et de notre jeunesse, inséparables de la pulsion de joie et de douleur, de cet alliage vivant qu'on appelle la terre natale (*RE* 72).

Les photos de l'album jouent ici le rôle du récit familial. Les héros les traitent comme le déclencheur de leurs réels souvenirs, ceux de leur existence commune ainsi que ceux de leurs histoires individuelles, mais tout à fait semblables. Bien que le contenu de l'album soit, pour ainsi dire, faux, il remplit sa fonction narrative et mnémonique – il rappelle les souvenirs. Ainsi, la réalité et la fiction sur la vie des protagonistes s'enchevêtrent sans qu'on puisse les séparer. La vie conjugale représentée sur les photos s'avère une invention ; mais la vie commune du couple est tout à fait réelle.

Il semble que Andreï Makine ne puisse se passer de l'autofiction pour raconter sa vie. D'où vient ce besoin ? Dans ses romans, on reconnaît souvent l'écrivain sous les traits de ses héros dont aucun cependant ne porte le nom de l'auteur. Le récit autofictif permet à l'auteur de maîtriser et, du même coup, de manipuler son histoire. Profitant de cette possibilité, Makine refait l'histoire de sa vie pour qu'elle devienne plus consistante, et pour expliciter l'épaisseur de son existence. L'autofiction lui permet de jouer avec ce qui semble différencié ou contradictoire dans le récit de vie de l'individu ; de rapprocher aussi soi et l'*autre* dans un seul être. À présent, il faudrait se poser la question d'où vient l'*autre* qui perturbe la condition identitaire des héros makiniens ?

Le rapport à l'altérité

Dans la plupart des romans d'Andreï Makine, à côté du narrateur qui raconte l'histoire de sa vie, apparaît un autre – quelqu'un qui lui ressemble, mais qui est en même temps différent de lui. Cet autre, en s'opposant à bien des égards au mode de vie et de penser du héros-narrateur, contribue au développement de son identité. Dans certains romans, le héros-narrateur retrouve cet autre en lui-même.

La présence de cette altérité apparaît le mieux dans *La musique d'une vie*. Le héros de ce roman, le pianiste Alexeï Berg, est obligé de sauver sa vie en passant pour quelqu'un d'autre. La veille de son premier concert, en mai 1941 à Moscou, ses parents musiciens sont arrêtés, tandis que Berg, averti par un voisin, réussit à s'échapper. Il essaie de survivre en se cachant chez la famille de sa fiancée, ensuite chez sa famille à lui, mais poursuivi, il est forcé de changer sans cesse de cachette. Finalement, pour rompre cette fuite interminable, il décide de devenir quelqu'un d'autre. Aussi s'approprie-t-il l'identité d'un soldat mort sur un champ de bataille, un certain Sergueï Maltsev, dont pour le moment il ne connaît pas encore le nom, et commence à vivre la vie de l'autre.

Ce changement d'identité fait de Berg quelqu'un d'insensible aux événements qui suscitent de vives émotions dans son entourage. Par exemple, au cours des batailles, il ne sent rien de ce que les autres ressentent au moment du retrait des troupes : « il courut avec eux, ramassa un fusil, imita leur tir et même leur panique, bien qu'il ne la ressentît pas pour l'instant... » (*MV,* 71). Parce qu'il est incapable d'éprouver de l'empathie, Alexeï se sent étranger parmi les soldats qui viennent des unités les plus variées. Même sa peur n'a rien de commun avec la peur des autres : « Il était donc comme eux. À cette différence près que parfois il avait plus peur de laisser échapper son vrai nom que de se retrouver sous un tir. Cette peur, cette vigilance avec laquelle il copiait les gestes des autres firent que pendant ces premières semaines il n'eut pas l'impression de faire la guerre. » (*MV,* 71-72).

Sous l'identité du soldat inconnu, Berg devient inconnu à lui-même. En essayant d'oublier sa vraie identité, il se regarde avec les yeux des autres et au moment où l' « ancienne » identité surgit de l'oubli, il s'étonne de ce qu'il voit. Il apprend des autres quels sont son nom et son prénom présents. Il commence à exister pour lui-même grâce à ces autres qui lui donnent l'existence, puisqu'ils le nomment et le perçoivent. Cette situation, derrière l'alibi d'un autre, lui assure une relative sécurité, mais elle engendre aussi la perte de son identité. Musicien auparavant, soldat à présent, il assume la violation volontaire de son identité d'artiste, mais en retour, il devient méconnaissable pour lui-même et sa vie intérieure est mise en péril.

Cela nous renvoie à la vision de l'*autre* que Julia Kristeva décrit dans *Étrangers à nous-mêmes*. Selon elle, la rencontre avec l'*autre* est étrange, parce que nous le percevons par tous les sens : la vue, l'odorat, l'ouïe, sans pourtant « l'encadrer » par la conscience. En contact avec l'*autre* nous nous sentons séparés et incohérents, et, en plus, nous manquons de contact avec nos propres sensations. Face à l'*autre* – dit Kristeva – qu'on refuse et auquel on s'identifie à la fois, on perd ses limites, on se sent « perdu, vague et brumeux » (*Étrangers* 276). C'est ce qui se passe dans le cas de Berg/Maltsev. C'est, probablement, ce sentiment d'incommodité apparu au contact avec l'*autre* qui pousse le héros de *La musique d'une vie* à retourner à sa vraie identité. La révélation de ses capacités de musicien aurait pu lui coûter la vie, mais il préfère ce danger mortel à l'impression persistante de ne plus exister. À la fin du récit, l'auteur montre clairement que la déculturation du héros n'a pas pris. La « vraie » identité d'Alexeï transparaît sous les apparences de Maltsev, chauffeur du général Gavrilov. Par une coïncidence étonnante, la fille du général, Stella, réapprend à Alexeï à jouer du piano, ce qui favorise son ressaisissement identitaire :

> Quand il laissa retomber ses mains sur le clavier, on put croire encore au hasard d'une belle harmonie formée malgré lui. Mais une seconde après la musique déferla, emportant par sa puissance les doutes, les voix, les bruits, effaçant les mines hilares, les regards échangés, écartant les murs, dispersant la lumière du salon dans l'immensité nocturne du ciel derrière les fenêtres.
> Il n'avait pas l'impression de jouer. Il avançait à travers une nuit, respirait sa transparence fragile faite d'infinies facettes de glace, de feuilles, de

vent. Il ne portait plus aucun mal en lui. Pas de crainte de ce qui allait arriver. Pas d'angoisse ou de remords. La nuit à travers laquelle il avançait disait ce mal, et cette peur, et l'irrémédiable brisure du passé mais tout cela était déjà devenu musique et n'existait que par sa beauté (*MV*, 120).

Après la révélation de sa vraie identité, Berg est arrêté et condamné à l'exil dans le Grand Nord. Malgré la déportation, c'est la libération intérieure de l'homme. Apparemment, la musique n'est ici qu'une métaphore du chemin de vie de l'individu. Au moment de la révélation de son identité, le héros n'a pas l'impression de jouer du piano, mais de faire retour à soi-même, à son histoire, déjà transformée en musique – elle existe donc en tant qu'une œuvre d'art dont seule la beauté compte. Pour Alexeï, la musique constitue un lien avec sa vie d'avant les années de guerre et lui assure une continuité d'existence.

Le problème du dédoublement identitaire est encore plus complexe dans *Le crime d'Olga Arbélina*. Dans ce roman, l'héroïne aperçoit certains signes qui lui font croire que son fils, malade d'hémophilie, fait l'amour avec elle quand elle dort. La preuve à laquelle Olga ne veut pas croire, c'est qu'elle se trouve enceinte, sans comprendre pourquoi. Elle devine la vérité en surprenant son fils qui, en cachette, ajoute du somnifère à la casserole dans laquelle Olga prépare son infusion d'houblon chaque soir. À ce moment-là, elle prend peur de ce que les autres ne découvrent l'inceste.

La femme mène souvent des disputes avec son double qui lui parle sous la forme d'une voix intérieure et qu'elle appelle « petite garce ». Cette voix, pleine de reproches, contre laquelle elle lutte constamment pour préserver son identité, figure l'inconscient d'Olga qui ne s'accepte pas telle quelle. C'est l'*autre*, refoulé dans sa conscience, qui fait le retour. Il s'agit du retour du refoulé sous forme d'angoisse, et plus particulièrement de « l'inquiétante étrangeté », comme l'appelle, après Freud, Julia Kristeva (*Étrangers* 272).

Rongée par l'incertitude, Olga ne peut pas faire confiance à sa mémoire ; elle comprend que son fils profite de son sommeil pour venir dans son lit, mais il se sauve à chaque moment où elle commence à se réveiller. Elle essaie de reconstruire l'histoire de cette curieuse relation, mais de peur de découvrir une vérité inavouable, elle évite d'affronter les événements. La situation ressemble à la découverte d'une force étrangère dans son propre corps qu'Olga n'arrive pas à maîtriser. C'est « cette variété particulière de l'effrayant qui remonte au depuis longtemps connu, depuis longtemps familier », selon Kristeva (270). La peur, poursuit-elle, replace l'inquiétant étranger à l'intérieur du familier, mais il s'agit « d'un familier potentiellement entaché d'étrange et renvoyé (par-delà son origine imaginaire) à un passé impropre » (270–271). Or, Olga est une princesse russe vivant dans une communauté russe à Villiers-la-Forêt. Son fils souffre d'hémophilie. Les habitants du village s'attendent à ce qu'elle se comporte comme quelqu'un issu d'une famille royale, atteinte d'une maladie « noble ». Mais Olga, l'exilée, mène une modeste existence de bibliothécaire et de mère solitaire : le prince Arbéline, père du garçon malade, a quitté depuis longtemps sa femme et l'enfant. Le passé impropre fait du garçon quelqu'un de « familier entaché d'étrange ».

Olga découvre que son fils qu'elle a cru parfaitement connaître porte en lui une marque d'étranger. Il vit à la frontière de la conscience et de l'inconscient de sa mère. Consciemment, elle ne peut pas croire qu'il a eu des relations sexuelles avec elle, tandis qu'inconsciemment, elle croit avoir commis l'inceste.

L'inconscient prend possession de la vie d'Olga. Puisque son surmoi ne peut pas accepter l'inceste, un conflit entre le surmoi et l'inconscient surgit et détruit la vie d'Olga au point de la rendre schizophrène : elle est incapable de distinguer ce qui s'est réellement passé entre elle et son fils et ce qu'elle a inventé. Puisque le surmoi englobe les normes largement acceptées par la société, l'étranger qui surgit dans l'inconscient d'Olga apparaît comme un criminel monstrueux et répugnant. En recréant sa version des faits, elle se trouve face à l'*autre* qui l'inquiète et même l'effraie. Ici, contrairement aux autres livres de Makine, où le récit sert à neutraliser les tensions surgissant au contact avec l'*autre*, ce dernier apparaît au moment où Olga arrive à ordonner les événements en une histoire cohérente, celle de l'inceste. Ici, l'*autre* est l'adversaire de l'héroïne.

Dans d'autres romans de l'écrivain, ce dédoublement identitaire se manifeste au regard des compagnons du héros qui sont différents de lui mais, en même temps, complémentaires. Par exemple, dans *Le Testament français*, le héros adolescent se lie avec Pachka, le cancre de la classe. Les deux garçons se ressemblent à cause de leur statut de parias dans la communauté des élèves. Pourtant, tout les sépare du point de vue culturel. Aliocha est un adolescent aux goûts littéraires raffinés, fasciné par la culture. Par contre, Pachka est un jeune homme simple et sincère qui passe son temps dans la nature, se livrant à la pêche :

> Pachka, ainsi que tout le monde l'appelait, menait la vie de ces moujiks bizarres qui gardent en eux, jusqu'à la mort, une part d'enfance, ce qui contraste tellement avec leur physique sauvage et viril. Obstinément, ils fuient la ville, la société, le

confort, se fondent dans la forêt et, chasseurs ou vagabonds, y finissent souvent leurs jours.
Pachka apportait dans la classe l'odeur du poisson, de la neige et, au temps du redoux, celle de la glaise. Il pataugeait des journées entières sur les berges de la Volga. Et s'il venait à l'école, c'était pour ne pas faire de peine à sa mère. Toujours en retard, ne remarquant pas les coups d'œil dédaigneux des futurs adultes, il traversait la classe et glissait derrière son pupitre, tout au fond. Les élèves reniflaient avec ostentation à son passage, la maîtresse soupirait en levant les yeux au ciel. L'odeur de neige et de terre humide remplissait lentement la salle. (*TF*, 157–158)

Le couple d'Aliocha et Pachka joue un rôle particulier au plan de l'altérité. Grâce à Pachka, Aliocha commence à s'intéresser à autre chose que les livres et la culture française ; il découvre la Sibérie « naturelle », à l'opposée d'une France « culturelle » : il accompagne le cancre dans ses expéditions de pêche sur la Volga enneigée et gelée. La pêche, le fleuve, le poisson fumé mangé ensemble, les barques, la nature – tout cela est nouveau et original dans la vie du héros, imprégnée jusqu'à présent de livres et de contes français de Charlotte.

De son côté, le héros raconte à Pachka les histoires de Charlotte et des anecdotes sur la France qu'il a lues lui-même dans des livres français. À sa surprise, ces histoires touchent Pachka profondément. Ainsi Aliocha découvre l'impact de ses récits et de la manière même de les raconter qu'il appelle le « style ». Il se rend compte aussi de la sensibilité de son compagnon, prêt à s'émouvoir du sort de gens imaginaires. De cette façon, Aliocha influe aussi sur son ami et offre à l'*autre* une partie de « sa »

France à lui. Une relation d'égalité s'établit entre les deux garçons qui ouvrent leurs univers différents l'un à l'autre. Dmitritch, le concubin de la tante d'Aliocha, apprend lui aussi la Russie à Aliocha. Mais il s'agit là d'une Russie différente de celle de Pachka ; à présent, le héros a l'occasion de boire son premier verre d'alcool, il apprend des histoires sur des camps soviétiques, sur des viols et des meurtres commandés par les autorités du pays, sur des soldats morts et gelés dans les lacs pendant la Seconde Guerre mondiale. Les propos de Dmitritch font que le narrateur commence à se sentir Russe, bien que cette appartenance lui soit malaisée. Il admire la Russie et la hait à la fois : « Cet amour était un déchirement permanent. Plus la Russie que je découvrais se révélait noire, plus cet attachement devenait violent. Comme si pour l'aimer, il fallait s'arracher les yeux, se boucher les oreilles, s'interdire de penser » (*TF*, 208).

Nous avons donc affaire à un héros-narrateur confronté à son double qui incarne son côté russe. Le héros doit apprivoiser cet étranger qui fait désormais partie de lui-même par le dialogue entre le soi et l'*autre*. Aliocha partage les escapades de Pachka et ainsi il plonge dans la vie russe ; mais pendant ces escapades, il raconte à son ami du peuple des anecdotes françaises et des fragments des romans connus. Ses contes font un certain effet sur ses camarades, mais l'échec amoureux du « Frantsouz » (le Français) déclenche de nouveau leur mépris à son égard. Alors, le héros se rend chez Charlotte pour l'accuser de lui avoir légué cet héritage français douteux. Enfin, stupéfait d'avoir découvert en sa grand-mère tout un pan de la vie russe, simple et modeste, il finit par se réconcilier avec soi-même.

Le Testament français montre bien que l'*autre* est indispensable à l'individu pour que celui-ci puisse cerner son identité. C'est par rapport à l'*autre* et par comparaison avec l'étranger que l'identité nébuleuse du héros se concrétise. On voit d'autres exemples d'une telle identification avec l'*autre* en soi dans *La terre et le ciel de Jacques Dorme* et dans *La femme qui attendait*, où le héros est accompagné d'un autre homme, de la même génération mais, semble-t-il, d'une origine différente. Apparemment, pour que la construction de l'identité prenne corps dans sa fiction, l'auteur fait usage de ces « autres », assez semblables d'un roman à l'autre. Au début, le contact avec l'autre est chaque fois douloureux, perturbateur, traumatisant même. Il mène au dépaysement du héros. Ce dépaysement est à la fois libérateur et aliénant, mais aussi irrévocable : il libère le héros-narrateur d'un état originel qu'il ne saura jamais retrouver, l'état de l'innocence.

Les efforts du héros pour accepter ce dépaysement se poursuivent tout au long des récits comme *La Musique d'une vie, Le crime d'Olga Arbélina* et, surtout, *Le Testament français*. Le contact avec l'*autre* devient plus harmonisé au fil du temps. Finalement, le héros se rapproche de l'*autre*, l'accepte et s'accepte lui-même. Par conséquent, sa personnalité gagne en épaisseur psycho-existentielle. Cet échafaudage identitaire progressif s'opère évidemment dans le cadre d'un récit de vie fictif, mais également sur un fond sociohistorique complexe que nous devons examiner de plus près.

Représentation de l'histoire nationale

Le lecteur de Makine est frappé par l'enchevêtrement des destins humains à la grande histoire contemporaine qu'articulent ses romans. Dans certains cas, il semble que les protagonistes ne puissent pas décider de leur propre vie, car elle est façonnée puissamment par des événements historiques. Il s'agit des événements historiques majeurs du XXe siècle, tels que les guerres mondiales, mais aussi de la manipulation idéologique de l'histoire. Cette dernière ne peut pas être négligée surtout dans un pays comme l'Union soviétique dont les autorités souvent s'appropriaient l'histoire et la réinventaient à leur guise. Il en découle qu'un écart existe entre les événements historiques tels que leurs participants les ont vécus et leur version officielle, reconnue et consacrée par l'idéologie.

Comment l'histoire nationale est-elle représentée dans les romans de Makine ? Comme l'indique Régine Robin, d'habitude l'histoire nationale, officielle, « est scandée par des dates, ses jours fériés, ses fêtes et sa fête nationale qui sont le rappel des temps héroïques et qui constituent un temps épique, un retour aux origines, au légendaire national » (*Le roman* 49). Manifestement, les références aux grands événements historiques abondent chez cet auteur. Il évoque des guerres passées, énumère des dates de batailles majeures et introduit des personnages historiques dans la trame de ses récits. Il se réfère principalement à l'histoire nationale russe et française. Ses héros sont témoins et victimes des deux guerres mondiales et du régime stalinien. Certains ont pris part aux guerres soviétiques contre l'Afghanistan ou contre le Yémen dans les années 1960 et 1980. Il arrive aussi que les héros-narrateurs relatent les histoires de leurs familles qui remontent au début du XXe siècle, à la Première Guerre mondiale, à la Révolution d'octobre ou à la guerre polono-russe de 1919. C'est surtout le premier roman de Makine, *La fille d'un héros de l'Union soviétique,* publié en France en 1990, qui retrace les grands épisodes de l'histoire officielle russe. Quant à l'histoire de la France, Charlotte, l'héroïne du *Testament français*, se rappelle certains événements du début du XXe siècle, comme l'inondation de Paris de 1910, la mort du président Félix Faure, l'éclatement de la Première Guerre mondiale en 1914, la fête du 14 juillet 1919 quand « la guerre reprenait son air de parade » (*TF,* 80) ; elle croit même se rappeler la visite des empereurs russes en France en 1896 dont elle a dû plutôt entendre parler qu'être témoin.

La plupart des romans de Makine peuvent être traités comme parties d'une fresque de l'histoire nationale russe (Knorring 28). Les renseignements et les détails sur l'histoire de la Russie et de l'Union soviétique sont beaucoup plus nombreux que ceux de l'histoire française, et l'action des romans se passe plutôt en Russie qu'en France. Dès le premier livre de Makine, le lecteur est plongé dans le passé russe, mais ce passé est raconté d'une façon particulière. Le lecteur apprend le point de vue subjectif des héros sur les événements qu'ils ont vécus, ce qui ne correspond pas toujours à la version « officielle » de l'histoire. *La fille d'un héros de l'Union soviétique* commence dans les tranchées soviétiques pendant la Seconde Guerre mondiale où l'infirmière, Tatiana, retrouve Ivan, un soldat gravement blessé. Porteur de la médaille militaire, Étoile d'or de Héros de l'Union soviétique, il avait participé à la bataille de Stalingrad en 1942 et il s'est battu en Tchécoslovaquie le jour de la Victoire sur les Allemands, le 8 mai 1945. Cependant, Ivan n'a pas l'impression d'avoir vécu ces événements de la grande histoire nationale, car il n'apprend leur véritable portée politique qu'après coup. Au cours de la bataille de Stalingrad ou au moment de la Victoire, le héros n'a pas la moindre idée de l'importance de ce qui se passe. La version officielle de ces événements n'a rien à voir avec sa propre expérience :

Par sa citation à l'ordre du Soviet suprême de l'Union soviétique, il apprendra que ce jour-là « ils ont contenu l'avance de l'ennemi dans une direction d'une importance stratégique capitale, ils ont résisté à plus de dix attaques d'un ennemi numériquement supérieur ». Dans ce texte seront mentionnés les noms de Stalingrad et de la Volga, qu'ils n'ont jamais vus. Et comme ces mots ressembleront peu à ce qu'ils avaient vécu et éprouvé ! Il n'y sera question ni de Mikhalytch et de son gémissement de douleur, ni de Serioga dans son treillis noirci et rougi, ni de chars qui fumaient au milieu des arbres écorchés et humides de sang (*FHUS*, 30).

L'écart entre la version officielle des événements historiques du pays et l'expérience de ceux qui y ont participés est fréquent dans la prose de Makine. Dans l'histoire officielle, faite par des historiens-idéologues ou par les autorités, il n'y a pas de place pour les souffrances personnelles ; l'histoire officielle, totalisante, est assumée par un discours « commémoratif » qui néglige les expériences intimes des individus.

Dans le même roman, on voit comment les souvenirs de guerre d'Ivan se transforment au point qu'il ne sait plus ce qu'il a vraiment vécu. Ses souvenirs se fanent et se mélangent avec les histoires qu'il avait lues et entendues ou bien avec celles qu'il invente pour satisfaire les attentes des autres. Chaque année, le 9 mai – jour de la Victoire – en tant que vétéran de guerre, Ivan est invité à l'école de sa ville pour parler de la guerre aux élèves. Mais il ne leur raconte pas ses souvenirs personnels : au lieu de leur parler de ses expériences lors de la bataille de Stalingrad, il leur fait le récit qu'il est censé faire : « Depuis le temps qu'on l'invitait, il avait compris ce qu'il fallait raconter pour que la classe reste attentive pendant les quarante minutes réglementaires » (*FHUS*, 58). Or, à chaque fois il éprouve le regret de ne pas avoir expliqué aux élèves tout autre chose, notamment comment, après la bataille, il est entré dans une forêt et s'est regardé dans l'eau de la source. Ce souvenir intime, isolé, est peut-être le plus important qu'il ait gardé de la guerre.

De même, il est impossible à Ivan de confier ses vrais souvenirs aux journalistes qui viennent l'interroger sur la bataille de Stalingrad. À la question sur l'effet qu'a produit sur lui « la Ville-Héros sur la Volga » au moment de la victoire sur les troupes allemandes, il n'ose pas répondre qu'à l'époque, il n'avait même pas vu la ville : il explique évasivement que « tout Stalingrad brûlait » (*FHUS*, 60). À force de parler par bribes ou clichés, il commence lui-même à croire en histoires inventées. Ainsi la fiction, en se cristallisant dans sa mémoire, remplace peu à peu l'expérience vécue :

> Ensuite, il s'habitua à ce mensonge innocent et cela arrangeait bien les journalistes, car Staline, à cette époque, redevenait à la mode et « Stalingrad » sonnait bien. Parfois Ivan était surpris de constater que lui-même oubliait de plus en plus la guerre. Il ne parvenait plus à distinguer ses souvenirs anciens des récits pour les écoliers qu'il avait cent fois ressassés et des interviews aux journalistes. Et lorsqu'il évoquait un jour un détail qui passionnait les garçons : « Eh oui, notre canon de 76 était formidable, mais il ne pouvait pas percer le blindage frontal du Tigre... », il pensait : « Mais est-ce que c'était vraiment comme ça ? Je l'ai lu peut-être dans les Mémoires du maréchal Joukov... » (*FHUS*, 60).

Dans les deux cas, on voit que les expériences du héros divergent de ce qu'on appelle « l'histoire nationale », donc de la version officielle de l'histoire, construite à partir des événements passés qui ont réellement eu lieu. Or, Ivan accepte de raconter aux élèves de l'école ce qu'ils veulent entendre. Au lieu de tenir à ses vrais souvenirs, il se limite à rajuster sa propre histoire, celle qu'il a vécue, à l'histoire officielle.

L'action du récit se poursuit dans les années de l'après-guerre pour se terminer à l'époque de la pérestroïka de Gorbatchev. À part les malheurs de la guerre, le lecteur apprend plusieurs faits de l'histoire russe, tels que la sécheresse et la famine consécutive en 1946, ou les déclarations de Khrouchtchev sur le communisme qui selon lui serait consolidé vingt ans plus tard. Sur le fond des événements historiques connus, l'auteur dépeint en détail le paysage des années 1980. Olia, la fille d'Ivan, patriote et vétéran de guerre, vit une aventure avec un étranger pendant les Jeux Olympiques de 1980. Cela lui coûte le chantage de la part du KGB qui la force à devenir prostituée et à espionner des visiteurs étrangers à Moscou. Le lecteur prend conscience de l'impact des services de renseignement et du contre-espionnage russes sur la vie des gens à l'époque des premiers secrétaires du parti communiste : Brejnev, Andropov et Tchernienko.

L'écart entre le récit officiel et l'expérience intime est également bien visible dans l'histoire d'Ivan et de sa femme, Tatiana. Leur petit fils est mort de faim à cause de la grande sécheresse de 1946 en Union soviétique. En même temps, le narrateur montre les manipulations des autorités qui ont pour objectif de prévenir les révoltes possibles et de subjuguer les citoyens. Pendant que le petit meurt et que sa mère, affaiblie, ne peut plus se lever du lit, la radio du kolkhoze diffuse chaque jour, par des haut-parleurs, des marches de bravoure, des nouvelles édifiantes sur les performances au travail des Soviétiques et des attaques contre les ennemis du marxisme.

En général, chez Makine, ces tentatives de manipulation tournent court. Dans *Requiem pour l'Est*, l'auteur décrit l'installation du communisme en Russie et ses conséquences néfastes sur trois générations d'une famille. Nicolaï, le mari d'Anna, la femme muette, se laisse partiellement convaincre par la propagande des bolcheviques. « Les commissaires parlaient du monde nouveau et la première nouveauté était qu'on pouvait ne plus labourer » (*RE*, 111). Pourtant, dès qu'il entend qu'il faut tuer les anciens propriétaires de terre, il reste choqué :

> Nicolaï se souvenait de Dolchanski, propriétaire terrien à qui appartenait autrefois leur village, du nom de Dolchanka, et il essayait de se figurer ce vieux noble en buveur de sang. Ce n'était pas facile. Parmi les paysans, seuls les plus vieux avaient vécu le servage. Le village était riche. Dolchanski, depuis longtemps ruiné, vivait plus pauvrement que certains moujiks et n'avait qu'une manie : il passait son temps à sculpter le bois de son cercueil... Non, il valait mieux imaginer les buveurs de sang en général, alors la colère montait et sabrer, tirer, tuer devenait plus simple (*RE*, 111).

La manipulation idéologique paraît particulièrement efficace par rapport à la jeune génération. Pavel, le fils de Nicolaï, se soumet de bon gré au discours de la propagande et aux mensonges des manuels d'école :

> L'enfant croyait vraiment que l'Armée rouge était la plus belle et la plus forte du monde, que les travailleurs de tous les pays n'aspiraient qu'à vivre

comme les gens de Dolchanka, qu'il existait quelque part à Moscou ce mystérieux Kremlin surmonté d'étoiles rouges où vivait celui qui, de jour comme de nuit, pensait à chaque habitant de leur immense pays, prenait des décisions toujours justes et sages, démasquait les ennemis. Pavel savait aussi que son père était un héros car il avait combattu les Blancs, ces mêmes Blancs qui avaient mutilés sa mère. Il détestait les koulaks et disait, en répétant les récits de ses manuels, que c'étaient des « buveurs de sang ». Un jour, en feuilletant le manuel d'histoire de son fils, Nikolaï tomba sur le portrait d'un chef d'armée qu'il avait rencontré pendant la guerre civile. Le visage du militaire était soigneusement rayé à l'encre. Il venait d'être déclaré « ennemi du peuple ». À travers tout le pays, pensait Nicolaï, dans des milliers et des milliers d'écoles des millions d'élèves empoignaient leur stylo et, après une brève explication du professeur, maculaient ces yeux, ce front, cette moustache aux pointes en pique... (*RE*, 131).

Le père du garçon est capable de reconnaître la manipulation massive de la part des autorités parce qu'il se rappelle l'ancien temps d'avant l'époque communiste. Pavel, lui, ne dispose pas de ces points de repère historiques et se laisse convaincre qu'il vit dans le meilleur des mondes. Or, comme Nicolaï, la plupart des gens qui comprennent la manipulation, n'osent pas la dénoncer de crainte d'être persécutés. Telle est l'attitude à l'égard de la famine durant les années vingt du XXe siècle, où beaucoup de gens sont morts à Dolchanka : « Tout le monde savait que la famine avait été organisée. Mais pour ne pas perdre la raison, pour survivre au milieu de cette folie, il fallait ne pas y penser, il fallait s'attacher à la rectitude et à la bonne profondeur du sillon... » (*RE*, 133).

Dans le deuxième roman makinien par ordre de publication, *Confession d'un porte-drapeau déchu*, on aperçoit aussi à quel point les autorités soviétiques essaient de pervertir la conscience des Russes. Les deux protagonistes, Kim et Arkadi, vivent une enfance et une adolescence heureuse dans un quartier communautaire aux environs de Leningrad, appelé la Cour. L'amitié, la solidarité et la tendresse semblent les vertus les plus importantes dans la cour de leur immeuble où se passe principalement l'action du roman. Les parents des garçons protègent leurs fils contre la réalité totalitaire et évitent de leur parler des temps de la guerre. De l'autre côté, le communisme s'infiltre dans la vie de ces jeunes à leur insu. Les paroles d'une chanson que les pionniers, Kim et Arkadi, hurlent avec leurs camarades, résument bien le poids de l'idéologique : « Nous sommes les pionniers, enfants des travailleurs… / L'ère des années lumineuses est toute proche…/ „Sois toujours prêt !" est notre devise… » (*CPD*, 24).

Le roman montre l'évolution des deux héros : des enfants heureux et inconscients de la cruauté du régime soviétique, ils se transforment en adolescents, puis en adultes qui comprennent les rouages du communisme. La mort de leurs pères et la vérité sur la vie de leurs parents leur permettent de porter un autre regard sur la réalité ambiante. Dès lors, l' « horizon radieux » qui guidait leur enfance heureuse apparaît comme mensonge. La situation historique représentée dans *Confession d'un portre-drapeau déchu* n'en demeure pas moins complexe. D'un côté, l'auteur dénonce les abus d'un régime qui détermine l'enfance des héros et il suggère en substance que le bonheur des temps de l'enfance n'a été qu'une tricherie. De l'autre côté, il met en scène des rapports très humains et sereins parmi les habitants de la Cour. Il dévoile ainsi la distance entre le discours officiel et l'expérience intime de simples gens dans les années 1950. Somme toute, il montre que la manipulation idéologique de la part des autorités soviétiques a échoué face à l'amour familial, l'amitié et la solidarité.

La manipulation idéologique est un cas particulier de la falsification de l'histoire. Mais elle n'est pas le seul facteur qui empêche la saisie objective du passé. La mémoire n'est pas un simple réservoir de souvenirs ; pour qu'elle agisse de manière efficace, une partie des expériences et des souvenirs encombrants doit être oubliée. Les souvenirs subissent aussi un changement. L'homme se rappelle des événements récents en détail, tandis que ceux qui sont plus éloignés – ont une forme abrégée et fictionnalisée. En ce sens, la mémoire retravaille des souvenirs qui surgissent lors de leur évocation comme déformés. Se rappeler veut dire reconstruire une image, une représentation du passé. Ces représentations qu'on croit ancrées dans le passé dépendent du présent ; elles se nourrissent du passé, mais c'est le présent qui les façonne.

Chez Makine, l'histoire nationale est une mise en fiction surtout lorsque les autres racontent à ses narrateurs les événements passés qu'ils n'ont pas pu connaître. Quand Charlotte du *Testament français* relate à son petit-fils certains événements historiques, comme la visite des empereurs russes à Paris ou l'inondation de la capitale française au début du XXe siècle, celui-ci les enregistre à sa propre façon. Ces faits sont tout d'abord déformés par la mémoire de Charlotte et ensuite par l'imagination du héros-narrateur. La scène pittoresque de la visite des empereurs russes à Paris constitue un bel exemple de la recréation imaginaire du passé par Charlotte. C'est elle qui rajoute au récit les détails qu'elle a dû lire dans la presse de l'époque et qui vont être déformés par sa mémoire. Ensuite, les enfants les imaginent à leur façon, ce qui contribue à une vision plus large, plus merveilleuse de cet événement. Il est alors impossible de trancher dans quelle mesure le déroulement de cette visite, tel que raconté par le narrateur, est « vrai ». L'événement a évidemment eu lieu, mais sa version romancée décrite dans le livre ne peut pas être considérée comme véridique. D'autant plus que cette visite n'a pas eu lieu après l'inondation de Paris, comme le raconte Charlotte, mais bien avant, en 1896. Cette « faute », cet oubli, suggère bien le caractère imaginaire des récits « grand-maternels ».

Dans ses romans, Makine évoque souvent la Seconde Guerre mondiale qu'il n'a pas connue directement. Pour parler des souvenirs particuliers médiatisés par les récits des autres, Marianne Hirsch utilise le terme de « post-mémoire » qui désigne « l'expérience des personnes ayant grandi entourées de récits de survivants de la Deuxième Guerre mondiale » (Hirsch citée par Bellemare-Page 50). Pour les écrivains issus de la deuxième génération après le Génocide, l'évocation du passé a un caractère plus imaginaire que mémoriel. En effet, cette dynamique post-mémorielle semble être proche de la recréation du passé chez Makine qui est presque toujours alimentée par un récit « au second degré ». Il faut dire tout de même que la post-mémoire de Makine retravaille non seulement les souvenirs liés à la guerre, mais aussi au passé plus ancien de la Russie et de la France.

Le romancier se sert aussi de métaphores épico-héroïques puissantes pour décrire l'histoire nationale qui a secoué le destin des gens. Ces métaphores la représentent, bien sûr, d'une manière subjective, comme un récit. Dans *Au temps du fleuve Amour*, le narrateur évoque les cosaques qui, trois cent ans auparavant, ont fondé le village sibérien où se passe l'action du roman. Cela renvoie le lecteur au passé légendaire de cette partie de la Russie et assure le sentiment d'une continuité historique :

> Dès le début du siècle, l'histoire, tel un redoutable balancier, s'est mise à balayer l'Empire par son va-et-vient titanesque. Les hommes partaient, les femmes s'habillaient de noir. Le balancier mesurait le temps : la guerre contre le Japon ; la guerre contre l'Allemagne ; la Révolution ; la guerre civile... Et, de nouveau, mais dans l'ordre inversé : la guerre contre les Allemands ; la guerre contre les Japonais. Et les hommes partaient, tantôt traversant les douze mille kilomètres de l'Empire pour remplir les tranchées à l'ouest, tantôt pour se perdre dans le néant brumeux de l'océan à l'est. Le balancier s'envolait vers l'ouest : les Blancs rejetaient les Rouges derrières l'Oural, derrière la Volga. Son poids revenait en balayant la Sibérie : les Rouges repoussaient les Blancs vers l'Extrême-Orient. On enfonçait des clous dans les troncs des cèdres, on dynamitait les églises comme pour aider le balancier à mieux effacer toute trace du passé.
> Un jour, ce va-et-vient puissant a même projeté les hommes du village vers cet Occident fabuleux qui s'était démarqué jadis dédaigneusement de la Moscovie barbare. De la Volga, ils sont allés jusqu'à Berlin en dallant cette route de leurs cadavres. Là, à Berlin, cette horloge folle s'est arrêtée un instant – court moment de victoire – et les survivants sont repartis à l'est : il fallait en finir avec le Japon, à présent...
> Du temps de notre enfance, le balancier semblait immobile. On aurait dit que son poids immense s'était embrouillé dans les innombrables rangs des

barbelés tendus sur son parcours. Il y avait justement un camp à une vingtaine de kilomètres de notre village. À un endroit du chemin qui menait à la ville, la taïga s'écartait et on voyait dans le scintillement froid du brouillard les silhouettes des miradors. Et combien de ces pièges à travers l'Empire rencontrait dans son va-et-vient le balancier ? (*TFA*, 22–23).

Ce long résumé de l'histoire russe du XXe siècle, placé au début du livre, laisse entendre que la situation des habitants du village où se passe l'action du roman est la conséquence des événements historiques évoqués : le « balancier de l'histoire » décide du lieu où ils vivront, demeureront et mourront. Même si ce balancier ne bouge plus et que les guerres ont cessé, les prisonniers des camps sont toujours victimes de l'histoire et les habitants du village en gardent des souvenirs. Ces événements historiques ont stigmatisé les humains avec une force et cruauté telles que la question « pourquoi ? » s'impose et l'on s'interroge devant une telle ampleur de l'absurdité (pourquoi sacrifier autant de vies humaines ?). Or, la métaphore du balancier semble expliquer le sort des Russes. L'histoire, aussi cruelle qu'elle soit, apparaît dans le récit comme une force fatale, impossible à maîtriser. Le balancier écrase tout ce qui se trouve sur son chemin, et son mouvement continu et régulier fait que personne n'échappe au malheur. Une telle métaphore « historique » dédouane de toute responsabilité et aide à accepter le sort immérité.

On retrouve cette idée d'impuissance et de perplexité devant l'Histoire dans *Le crime d'Olga Arbélina*. L'histoire de la Russie du XXe siècle y est décrite à l'aide de la métaphore d'un bal masqué. On se croirait au théâtre de marionnettes, où la force aveugle de l'Histoire tire toutes les ficelles et fait précipiter les événements :

> Le bal continue. On tue le favori de la tsarine. On renverse le tsar. Il coupe le bois aidé par ses enfants. Le pays semble enfin répondre aux rêves formulés autrefois dans la maison de l'oncle. Sa marche s'accélère, les traditions archaïques volent en éclats, le chef du nouveau gouvernement porte le bras en écharpe d'avoir serré la main de dizaines de milliers de concitoyens enthousiastes. Mais bientôt le souffle du pays marque des saccades, fait entendre des râles menaçants... (*COA*, 158).

Les métaphores qui font voir l'histoire comme un balancier ou comme un bal signalent aussi quelque chose d'insensé et d'irrationnel dans les événements historiques. L'histoire russe – tantôt un balancier redoutable, tantôt un démoniaque bal masqué – exerce toujours sa force impérieuse sur les habitants du pays. Dans ce chaos, la vie, la mort ou le renversement du tsar comptent autant que le mal au bras d'un chef qui a serré trop de mains des habitants du pays. Dans le flux de ces événements frénétiques, on perd les points de repère et on devient insensible au détail, à l'intimité du vécu personnel.

À tout prendre, si dans les romans de Makine l'histoire nationale est représentée de différentes manières, aucune d'elles n'échappe au travail de l'imagination, de la mémoire et du temps. L'histoire peut être manipulée par les autorités ou encore racontée à l'aide de métaphores dans un registre épique. Il en va de même des souvenirs des gens qui restent tantôt lacunaires et faussés, tantôt idéalisés ou fictionnalisés. Ce qui unit toutes ces manières de parler de l'histoire nationale, c'est que cette dernière n'existe pas en tant que telle : on ne la connaît que sous des formes transposées, transfigurées soit par la mémoire de celui qui la raconte, soit par la mémoire des autres. La mémoire crée donc son propre récit, son propre conte, assez éloigné des événements passés qu'on appelle « histoire ».

Mémoire identitaire

Nous avons vu que pour l'individu qui raconte son histoire, ce n'est pas tant la fidélité aux événements qui compte, mais plutôt la manière de les mémoriser. Selon Régine Robin, pour reconstruire le passé, l'individu « bricole comme il peut sa représentation du passé, son imagerie, son récit, dans l'ordre du moule narratif obligé ou dans la dispersion de souvenirs-flashes » (*Le roman* 57). Ainsi, il essaie de cerner son identité. À cet égard, on peut dire que le narrateur makinien met en scène (et en interaction) au moins trois variétés de mémoire : la mémoire nationale, la mémoire collective et la mémoire culturelle. Comme nous l'avons déjà dit, la mémoire nationale, dont la fonction est de conserver et de commémorer le passé, contribue à la création d'un « habitus national » et représente l'identité nationale du héros. Elle est plus ou moins rationalisée, porteuse de stéréotypes liés à une nation. La mémoire collective, quant à elle, fonctionne « à la madeleine de Proust », c'est-à-dire par associations ou par des *identifications-à* qui sont les composantes de l'identité narrative du héros (Ricœur, *Soi-même* 57). Elle a souvent le caractère générationnel et correspond à « ce que nous avons connu de meilleur » (Robin, *Le roman* 56). Le troisième type de mémoire, la mémoire culturelle de l'écrivain, est un mélange et un jeu entre la mémoire nationale et la mémoire collective.

L'écrivain puise dans la mémoire culturelle pour assumer sur le mode fictionnel les composantes de son identité. La mémoire identitaire donne au narrateur la possibilité de se situer par rapport aux événements passés. Comme nous l'avons vu, chez Makine, même les participants de grands événements de l'histoire nationale en gardent des souvenirs bien singuliers. Pour Ivan, le protagoniste de *La fille d'un héros de l'Union soviétique,* la bataille de Stalingrad se résume à la réminiscence de son ami, Mikhalytch, et à ses gémissements de douleur, à Serioga blessé, aux chars fumant au milieu des arbres, à l'eau de la source dans laquelle il se voit. Mais il accepte d'adapter ses souvenirs à la version officielle de l'histoire nationale qu'on lui impose et préfère parler de Stalingrad en flammes que d'évoquer ses souvenirs intimes. Le jeune Nicolaï de *Requiem pour l'Est* se soumet à son tour à la rhétorique communiste qui désigne les propriétaires terriens comme « buveurs de sang ». D'un côté, Nicolaï accepte cette rhétorique, de l'autre, il n'est pas capable de traiter le vieux propriétaire terrien, Dolchanski, de « buveur de sang », car l'homme n'en a pas l'air du tout.

Cependant, ni Nicolaï, ni Ivan, ne peuvent pas ignorer l'écart entre l'image de l'histoire imposée par les autorités et la réalité qu'il voit ou dont il se souvient. Cet écart est encore mieux visible lorsque ce même Nicolaï s'apprête à parler à son fils Pavel des bonheurs de sa jeunesse. Chaque fois qu'il ouvre la bouche pour entamer le récit du passé, les doutes l'envahissent :

> À de tels moments, il avait envie de parler à son fils du monde d'avant, de sa jeunesse d'avant la guerre, d'avant la révolution. Il fallait tout simplement faire une soustraction, pensait-il, oui, soustraire le présent du passé et raconter la différence de bonheur, de liberté, d'insouciance

que contenait ce passé. Cette arithmétique paraissait si aisée, mais chaque fois qu'il essayait de revivre ce vieux temps, la différence s'estompait. Car, avant la révolution, il y avait eu aussi une guerre, celle de 1914 (et les bolcheviques n'y étaient pour rien), et les wagons remplis de blessés, et lui tout jeune encore, sur un champ couvert de cadavres, lui qui pleurait de douleur, ne parvenant pas à retirer sa jambe écrasée sous son cheval tué... Et à Dolchanka, bien avant l'arrivée des bolcheviques, les jours avaient la longueur rude des labours, la dureté des gros troncs sous la scie, le goût du pain chèrement gagné. Du bonheur d'autrefois restaient seuls ces quelques levers du soleil, cette source froide au creux d'une combe par une journée de moisson dans la fournaise de l'été, cette route sous la dernière tempête de neige. Comme à présent. Comme de tout temps... (*RE,* 131–132).

Bien que le temps de sa jeunesse lui paraisse aussi beau et heureux que le temps présent à son fils Pavel, Nicolaï comprend qu'objectivement son passé ne semble pas meilleur. Certainement, la mémoire idéalise le passé et l'adulte voit le temps de son enfance comme un paradis sur terre. Le passé que l'individu se représente de cette manière suscite de vives émotions, contrairement au discours historique d'un manuel d'histoire, rivé à des faits objectifs. Si l'on pense de nouveau à Ivan, le seul nom de la bataille de Stalingrad ne fait vibrer ni son cœur, ni son imagination. Il se souvient non pas de ce qui est communément connu sous ce nom, mais de ce qu'il y a vécu et éprouvé lors de la bataille. De même, pour Nicolaï, ce ne sont pas les événements précis de sa jeunesse qui stimulent ses émotions ; il s'agit plutôt des souvenirs

idéalisés de son passé, même si sous bien des égards ce temps ne fut pas différent du présent. À son fils Pavel, son enfance à lui apparaît aussi comme le meilleur temps de sa vie, bien que cette même époque semble odieuse au père.
Ce fonctionnement de la mémoire correspond à la mémoire collective au caractère générationnel et affectif. Elle est faite de souvenirs réels ou souvenirs écrans, de témoignages directes ou traditions familiales. C'est la « mémoire identitaire, close sur elle même, menacée et jalouse de sa singularité » (Robin *Le roman* 52).
De nombreux exemples de l'activité de ce type de mémoire sont visibles dans les romans makiniens. Il s'agit surtout des histoires où le héros-narrateur a quitté sa patrie et quand au moment de faire le récit il se trouve au pays de l'émigration. Une telle situation favorise la remémoration du passé sur un mode nostalgique – là où l'individu, éloigné du pays où il a passé son enfance, veut revivre par le souvenir ses expériences passées.
Dans le premier chapitre de notre travail, nous avons évoqué des mots particuliers comme « tsar » ou « bartavelles et ortolans » qui, dans *Le Testament français*, renvoyaient les héros à une réalité imaginaire, construite à partir des éléments mémorisés et de ceux fournis par leur entourage. Ces sensations évoquées à partir des mots et réminiscences renvoient les personnages makiniens à leur passé, un passé brouillé aussi bien par l'oubli que par l'imagination. On assiste à la même dynamique associative dans *Au temps du fleuve Amour* où l'on voit deux héros se rencontrer dans un restaurant russe à New York après de longues années de séparation. Pendant qu'ils prennent leur repas, une femme au visage slave chante une chanson russe :

> Elle chante comme pour elle-même, pour cette nuit froide d'avril, pour quelqu'un d'invisible. Comme

chanta une femme, un soir, devant le feu, dans une isba enneigée... Tout le monde connaît les paroles par cœur. Mais on accède à cette lointaine soirée perdue dans une tempête de neige sans déchiffrer les mots, en fixant la flamme de la chandelle jusqu'à ce qu'elle commence à grandir en vous laissant entrer dans son halo transparent. Et la musique devient l'air frais de l'isba sentant la bourrasque, la chaleur lumineuse du feu, l'odeur du cèdre brûlé, le silence limpide de la solitude... (*TFA,* 260).

En écoutant le chant de la femme en plein New York, les amis retrouvent l'univers de leur enfance : une isba chauffée par le feu dans un village profond de la Sibérie. Enfants, ils ont vécu dans de telles demeures. Les clients russes du restaurant connaissent les paroles de cette chanson populaire que chacun chantait pendant son enfance en Russie. Pourtant, ce ne sont pas tant les paroles qui ressuscitent les souvenirs. Il semble qu'une force involontaire de la mémoire transforme la musique en feu, en isba russe, en odeur du cèdre brûlé. Une sensation entraîne une autre, ce qui était son devient odeur et chaleur. Par ces correspondances de sens, le narrateur revient aux sensations de son enfance et à son pays d'origine. Il est clair que ce pays n'existe plus, car il n'est que le produit de la mémoire et de l'imagination. Il s'agit bien ici du travail de la mémoire qui conserve uniquement les souvenirs des émotions et des expériences passées et non pas des images des événements réels. La chanson ne renvoie pas à un moment concret du passé ni à un événement de la vie des deux amis, mais à un sentiment ou à une sensation diffus. En plus, il serait difficile de trancher pourquoi le chant de la femme renvoie à tel souvenir et non pas à un autre. Dans de telles circonstances, à partir des éléments remémorés, l'imagination comble ce qui manque à la mémoire dans un désir qui vise à la plénitude du passé, mais les images qui en surgissent vacillent à la frontière du réel et de l'imaginaire. Même si chacun de nos héros vit ses souvenirs à sa manière, et que les lieux et odeurs familiers ont changé, à l'évocation de ce passé commun toute une génération éprouve des émotions à peu près semblables. On pourrait dire que cette communauté de souvenirs et d'émotions distingue cette génération particulière des autres. Il semble qu'eux seuls partagent la même vision de ce passé sibérien et que d'autres générations ne peuvent pas savoir de quoi ils parlent ni ce qu'ils ressentent. C'est ce qui définit le caractère éminemment associatif de la « mémoire générationnelle ».

Dans la prose de Makine, la mémoire collective propre à un groupe particulier véhicule surtout les souvenirs de l'enfance passée en Union soviétique. Dans *Requiem pour l'Est*, on retrouve un autre exemple marquant de cette mémoire générationnelle, collective. Le héros-espion vient de rencontrer sa partenaire au cours d'une soirée à Berlin. Comme l'exige son métier, il ne sait rien sur elle, sauf qu'elle travaille, comme lui, sur les ordres des services secrets soviétiques. Ils assistent tous les deux à un spectacle étonnant : vers la fin de la soirée, un individu montre une grande toupie au public à qui il explique que les Soviétiques produisaient ce jouet dans leur usines d'armement à la fois pour faire plaisir aux enfants et pour dissimuler la production des missiles. Cet homme est un dissident connu, expulsé de Moscou et vivant à Munich. Bien que les deux espions ne sachent rien sur leurs vies respectives, ils connaissent tous les deux le dissident de Moscou. Ils échangent donc quelques mots à son sujet et, ensuite, la femme confie un souvenir à son nouveau partenaire :

« Je suis plus âgée que vous... Mon enfance, c'était les premières années d'après-guerre. Une misère à ronger les pierres. Je me souviens des rares journées où l'on n'avait pas faim. De vraies fêtes. Mais surtout, pas un jouet. Nous ne savions pas ce que ça voulait dire. Et puis, un jour, pour le Nouvel an, on nous a apporté un énorme carton rempli de trésors : des toupies, toutes neuves, qui sentaient encore la peinture. Exactement le même modèle que tout à l'heure. Après, quand on a recommencé à fabriquer des poupées et le reste, nous étions déjà trop grands pour jouer... ».
Je faillis te dire que malgré ces quelques années de différence entre nous, j'avais connu, moi aussi, ces grosses toupies, et que leur odeur et même leur tintamarre m'étaient chers. Je ne dis rien car il aurait fallu alors parler de l'enfant perdu dans la nuit du Caucase. Pourtant, pour la première fois de ma vie, ce passé me paraissait avouable. (*RE*, 64–65)

La toupie, jouet amusant pour les gens réunis dans la fête à Berlin, évoque pour les deux héros le souvenir de leur enfance passée dans un monde tout à fait différent de l'univers berlinois. Mais les deux protagonistes russes n'ont pas besoin de se connaître pour retrouver des souvenirs communs, propres à leur génération, celle qui est née et qui a grandi en Union soviétique au tournant des années 1940 et 1950 du XXe siècle. La mémoire qui a conservé cette image particulière du jouet n'est collective (générationnelle) que dans la mesure où elle reste liée à la perception sensorielle. Comme dans le restaurant newyorkais d'*Au temps du fleuve Amour*, le héros est ici ramené à son passé à travers ses sens : l'odeur et le tintamarre de la toupie sont à tel point liés à son enfance qu'il lui est impossible de parler de la toupie sans évoquer l'enfant qu'il était. Cela nous renvoie à la mémoire involontaire, si présente dans *À la recherche du temps perdu* de Marcel Proust. C'est une mémoire qui fonctionne « à la madeleine », à l'instar du fameux gâteau qui a déclenché le récit du narrateur de la *Recherche* sous l'effet d'une sensation gustative. Chez Makine la perception sensorielle provoque elle aussi l'apparition soudaine des souvenirs enfouis dans le passé.

Mémoire (inter)culturelle et intertextuelle

Dans le cas des héros-narrateurs makiniens, la reconstruction du passé s'opère au niveau collectif, mais aussi et surtout au niveau individuel. Le héros du *Testament français* se sent enraciné dans l'univers soviétique de sa jeunesse, tandis que les récits de Charlotte, sa grand-mère adoptive, le transportent dans une France imaginaire. D'un côté, grâce à Dmitritch, concubin de sa tante, le jeune héros est « jeté » dans la mémoire collective russe. De l'autre, les images évoquant la France font irruption dans celle-ci et rendent le héros étranger à ses camarades. Dans ce roman makinien, comme dans plusieurs autres, la France apparaît sous forme de diverses traces culturelles et son histoire y est représentée de façon beaucoup plus fragmentaire que l'histoire russe. En effet, les narrateurs évoquent la France à travers certains épisodes, sujets ou objets qui ont valeur de symboles ou d'icônes culturels. Ils citent des écrivains, des poètes et leurs œuvres célèbres, vénèrent des acteurs connus et leurs créations, parlent de plats recherchés et d'alcools français.

Comme nous l'avons déjà précisé, à cause de sa double appartenance, le héros makinien se voit étranger à lui-même. Il perçoit soit son côté français, soit son côté russe comme un « autre ». Pour donner un certain équilibre à ces deux vecteurs identitaires, il se reconstruit son passé à la frontière des deux univers en puisant dans ses souvenirs russes d'un côté, et dans ses « repères » français (ou européens) de l'autre. Il faut ici préciser que son appartenance française est empruntée, car le héros makinien n'est pas Français et n'a jamais vécu en France jusqu'à l'époque de son émigration. D'ailleurs, les protagonistes de la « trilogie » makinienne (*Le Testament français, Requiem pour l'Est, La terre et le ciel de Jacques Dorme*), gardent une sorte de « mémoire française » sans jamais avoir vécu ni voyagé en France. Dans leur jeune âge, ils ont connu la culture française et se sont fait, l'imagination aidant, une certaine image de ce pays. Un tel imaginaire « français » ne relève pas d'expériences réelles, il est forcément fragmentaire et fragmenté, et des éléments russes, familiers au héros makinien, s'y infiltrent aisément. Il s'agit donc d'un bricolage d'images, d'informations officielles, d'anecdotes, de saveurs, de bribes de conversations ou de discours que le héros-narrateur a assimilés. Il entretisse tous ces éléments dans un moule narratif ; la narration lui assure une certaine cohérence. À partir de cet amalgame le héros-narrateur, encore innocent et naïf, se représente sa France à lui, une contrée mythique qu'il appelle « Atlantide ». Or, au contact de l'Atlantide française et de la réalité soviétique apparaît un espace tiers, le proustien pays du « temps retrouvé », là où les antinomies identitaires du héros tendent à disparaître.

Dans *Le Testament français*, le narrateur avoue avoir une prédilection particulière pour les anecdotes sur certaines personnalités françaises. Il se plaît à évoquer Marcel Proust qui avait l'habitude de venir au café

« Weber » à Neuilly-sur-Seine, très à la mode, et de commander une grappe de raisin et un verre d'eau. Il ressuscite aussi l'actrice Sarah Bernhardt, à qui le célèbre cuisinier, Urbain Dubois, avait dédié un potage aux crevettes et aux asperges (*TF,* 122). Il aime répéter des faits tirés de la petite histoire, comme celui d'une bataille sur mer entre la flotte anglaise et française où deux capitaines de bateaux se lancent des défis : « Vous, les Français, vous vous battez pour l'argent. Et nous, les sujets de la reine, nous nous battons pour l'honneur ! ». « Chacun se bat pour ce qu'il n'a pas, sir ! » (*TF,* 160). La France, sa culture et son histoire sont ramenées à de telles bribes d'images et de paroles : un bric-à-brac d'éléments réels, romancés ou fictionnalisés, à travers lequel le héros perçoit l'essence de « l'esprit français ».

Dans *Le Testament français,* les coupures de presse française conservées par Charlotte représentent aussi pour le héros tout un univers interculturel franco-russe. Il y retrouve des fragments d'histoire de France, mais aussi des preuves des liens historiques entre la France et la Russie. Il s'agit, par exemple, de la visite du tsar Nicolas II et de sa femme Alexandra à Paris. Comme cet épisode est raconté par sa grand-mère avec articles et photos à l'appui, le héros Aliocha s'imagine des scènes entières, telles que l'accueil de Nicolas et Alexandra par le président français Félix Faure, le banquet donné en leur honneur ou une séance tenue à l'Académie française à laquelle assistent les empereurs. En suivant le récit de sa grand-mère, le héros s'imagine aussi tout le prestige de la capitale française, les coutumes et le style de vivre de ses habitants. Tout cela contribue au sentiment d'identification du héros avec ses deux pays. Il balance entre les deux : tantôt il se projette dans Paris sur les traces du tsar, tantôt il revient en Russie. À l'évocation d'un poème français sur la Russie, il prend conscience d'avoir déjà intériorisé un point de vue extérieur sur son pays natal :

> Pour la première fois de ma vie, je regardais mon pays de l'extérieur, de loin, comme si je ne lui appartenais plus. Transporté dans une grande capitale européenne, je me retournais pour contempler l'immensité des champs de blé et des plaines neigeuses sous la lune. Je voyais la Russie en français ! J'étais ailleurs. En dehors de ma vie russe. Et ce déchirement était si aigu et en même temps si exaltant que je dus fermer les yeux. J'eus peur de ne plus pouvoir revenir à moi, de rester dans ce soir parisien. En plissant les paupières, j'aspirai profondément. Le vent chaud de la steppe nocturne se répandait de nouveau en moi (*TF* 57-58).

En tant que Russe, le petit héros s'identifie bien sûr au couple impérial qui incarne sa patrie, mais il vit simultanément un détachement de ses origines en « regardant la Russie de l'extérieur ». Contrairement à ses camarades russes qui le méprisent pour son étrangeté et l'appellent « Frantsouz », Aliocha est capable de voir les deux pays et les deux cultures comme égaux[5]. Une telle approche favorise un dialogue entre les cultures différentes, où aucun interlocuteur ne tend à se soumettre à l'autre. Le regard du narrateur du *Testament français* est ouvert sans aucun préjugé sur l'*autre* et, en même temps, lui permet de porter un nouveau regard sur sa patrie. Vue

---

[5] Ce regard sur l'*autre* est un regard « exotopique ». Tzvetan Todorov explique dans *La conquête de l'Amérique* que l'*exotopie* consiste à accepter l'*autre* comme extérieur à notre culture, mais qui est notre égal (274).

de la perspective française, la Russie lui paraît originale quoique cette altérité soit difficile à assimiler. Dans ce contexte la pierre nommée « Verdun » acquiert un rôle polysémique important. La grand-mère du héros conserve cette pierre, enveloppée dans du papier sur lequel le nom de Verdun est écrit, comme souvenir d'un soldat dont elle a été probablement amoureuse dans le passé. Les enfants, en jouant, jettent la pierre par la fenêtre parce qu'ils la considèrent moche et peu intéressante. Mais, étant donné la peine que cela cause à leur grand-mère, ils décident d'aller retrouver « Verdun ». C'est alors qu'ils apprennent la double importance de la pierre : elle est chère à Charlotte à cause du soldat bien aimé, mais elle symbolise aussi l'héroïsme et le sacrifice des Français morts à la bataille de Verdun en 1916. Cette seconde dimension semble cruciale au moment où le héros, qui ne connaît pas encore l'histoire de la France, découvre la réaction enthousiaste des Français envers la Révolution de février 1917 en Russie qui a aboli le tsar Nicolas II. Ayant connu l'accueil somptueux du couple impérial en France en 1896, le garçon se sent personnellement trompé par les Français. En tant que Russe, à l'affût de la visite du tsar à Paris, il s'identifie à Nicolas II alors que la joie des Français après l'abolition du tsar le chagrine. « Je ne pouvais pas croire à une trahison aussi basse. Surtout de la part d'un président de la République ! » (*TF* 61). Mais pour le consoler, sa grand-mère lui offre la pierre nommée « Verdun »[6]. Ainsi, elle lui montre ce qui est important pour elle et lui transmet aussi un message historique : les Français ne sont pas des traîtres, ils sont capables de grands sacrifices et peuvent faire preuve de courage. De

---

[6] Andreï Makine avoue avoir possédé le morceau d'une brique de Brest-Litovsk dans son enfance. Pendant la lutte avec les Allemands, la brique est devenue toute noire sous l'effet du feu. Bien qu'il l'ait perdue, Makine la conserve toujours dans sa mémoire (Masłoń 276).

cette façon, l'histoire de la France s'enchevêtre à la vie du héros et acquiert une dimension interculturelle.

Cette relation particulière du héros à l'histoire française indique la façon dont il se l'approprie. Il est fasciné par diverses facettes de l'histoire et de la culture françaises qu'il ne retrouve pas dans leurs équivalents russes, ou – au contraire – il se sent attiré vers le passé français chaque fois où celui-ci rejoint le passé russe. De cette double manière, le héros puise dans l'histoire et la culture des deux pays, la France et la Russie, pour se faire une représentation bien à lui de cette France qu'il connaît de l'extérieur.

Il faut dire que cette représentation de l'histoire française est éloignée de celle élaborée dans les manuels scolaires, donc de la version officielle de l'histoire nationale. La France du héros makinien est composée de fragments hétéroclites, de bribes de récits et de discours ainsi que d'épisodes disjoints. Elle ressemble à ce que nous avons observé à propos de la mémoire culturelle. Elle renvoie moins à une mémoire de groupe au sens identitaire, mais plutôt à une mémoire individuelle brouillée, par laquelle l'individu se construit le passé.

Le héros-narrateur dans *Le Testament français* transforme l'héritage culturel français en un affect, en un récit empathique où mémoire nationale et mémoire culturelle sont mêlées. L'exemple de la pierre « Verdun » semble à cet égard significatif ; il évoque un souvenir à la fois personnel (lié au soldat dont Charlotte était amoureuse) et historique (lié à la bataille de Verdun), et devient par là même un objet symbolique, intimement lié à l'histoire de France, telle qu'elle est imaginée par le héros. En ce sens, dans les romans de Makine, il arrive souvent que, pour reprendre une idée de Nora, « la mémoire s'enracine dans le concret, dans l'espace, le geste, l'image et l'objet » (Nora XIX). C'est à travers une pluralité de gestes, d'images ou d'objets qui lui sont chers que le narrateur raconte l'histoire. Il élabore, sa mémoire culturelle aidant, une version personnelle de l'histoire française. Dans *La terre et le ciel de Jacques Dorme,* le narrateur raconte la visite du général de Gaulle (sans le nommer explicitement) en Russie profonde. C'est une expérience importante pour le héros-narrateur, car pendant la cérémonie où de Gaulle est présent, il l'entend parler français, cette langue qu'il a crue morte. Il décrit aussi l'aptitude du général à « modeler l'espace autour de lui » (*TCJD*, 98). À côté de ces caractéristiques, le narrateur remarque et se souvient de la solitude du général au moment où les officiels russes lui offrent un grand esturgeon :

> Je venais de deviner le vrai secret du grand vieil homme. À l'instant, après avoir confié le poisson à l'un de ses aides, il avait profité du bruit de l'ovation et avec une adresse de prestidigitateur, tout en opinant de la tête aux paroles que sa suite lui adressait et qu'il n'écoutait pas, il avait glissé sa main droite dans la poche de sa veste, avait sorti un mouchoir et essuyé rapidement les bouts de ses doigts sans doute collants de la glu de l'esturgeon. J'étais peut-être le seul à avoir remarqué son geste et ce détail recueilli m'avait donné la sensation de pénétrer son mystère : sa solitude. Il était entouré, acclamé, il se prêtait de bonne grâce à tous ces jeux diplomatiques, il acceptait même ce monstre gluant et savait, d'instinct, pendant combien de secondes il fallait exhiber le cadeau avant de le passer à son aide de camp. Il était très présent. Et pourtant très à l'écart, dans une grande solitude songeuse.

Bien des années après cette rencontre, le narrateur se rappelle le geste discret du grand Français qui accentue sa solitude au fond de la Sibérie. Le héros aperçoit ce geste peut-être aussi parce qu'il se sent lui-même différent de son entourage et solitaire parmi ses semblables. Comme dans le cas de « Verdun », la réappropriation de l'histoire de France (la grande et la petite) tient dans l'émotion et le transfert affectif.

Parmi les images et les objets qui constituent ce que Pierre Nora appelle « représentation du passé » (XIX) on trouve chez Makine un grand nombre de photographies qui forment des points d'ancrage de l'histoire. Par exemple, la photo de la mère du héros du *Testament français*, prise dans un camp soviétique, résume d'une certaine manière toute la vie du héros. Il voit l'image pour la première fois quand il est tout petit. À l'époque, il ne se rend pas compte de l'identité de la femme qui y est représentée ; il est simplement étonné de la différence entre celle-ci, vêtue d'une veste ouatée et d'une chapka, et les femmes beaucoup plus élégantes sur d'autres photos de famille. Mais vers la fin du roman, il devient clair que la mère, morte depuis plusieurs années, a été prisonnière dans un camp. La photo symbolise alors le sort de toute une génération morte dans les camps soviétiques. Ainsi l'histoire de la nation s'immisce dans l'histoire personnelle du héros. Tout au long de son enfance aussi bien que pendant la vie adulte, il croit que sa grand-mère était française, et que, par conséquent, le sang français coule dans ses veines. Son appartenance française lui semble naturelle, comme faisant partie de son héritage familial. Pourtant, en apprenant que sa mère était russe, qu'elle est morte dans un camp et que la famille qu'il avait cru la sienne était une famille adoptive, il comprend que son appartenance française a un caractère purement culturel. Le héros est d'origine russe, et non pas d'origine

mixte, russo-française. Dès lors, la question de sa double appartenance doit être vue dans une autre perspective. Elle demeure ouverte pour le lecteur, qui peut se demander si la révélation finale de l'origine russe du héros change quelque chose à la perception de l'identité dédoublée.
La question de l'appartenance culturelle partagée entre l'Orient et l'Occident est présente aussi dans *Au temps du fleuve Amour*. Dans ce récit, les héros qui vivent en Sibérie semblent tiraillés entre leur attirance pour l'Occident européen et pour l'Orient asiatique. Bien qu'ils se sentent enracinés en Asie, ils rêvent de l'Europe, surtout après leur découverte des films avec Jean-Paul Belmondo lequel symbolise pour eux la liberté individuelle, la beauté et un train de vie insouciant.

> Nous redécouvrions l'Occident. Ce monde où l'on vivait sans se soucier de l'ombre lugubre des cimes ensoleillées. Le monde de l'exploit pour la beauté du geste. Le monde des corps fiers de la puissance des beaux mécanismes charnels. Le monde qu'on pouvait prendre au sérieux parce qu'il n'avait pas peur de se montrer comique.
> Mais surtout son langage ! C'était un monde où tout pouvait être dit. Où la réalité la plus embrouillée, la plus ténébreuse trouvait son mot : amant, rival, maîtresse, désir, liaison... La réalité amorphe, innommable, qui nous entourait, se mettait à se structurer, à se classifier, à révéler sa logique. L'Occident se lisait ! (*TFA*, 161-162).

C'est principalement avec les valeurs qu'incarne Belmondo que les garçons se représentent l'Occident. Mais le sentiment d'appartenance encore plus fort est celui qui les lie à l'Asie. Plusieurs fois, après avoir vu le film avec Belmondo au cinéma *Octobre rouge*, les garçons passent la nuit dans des wagons de trains immobilisés dans une gare. Une fois, ils se réveillent en pleine nuit alors que le train est déjà en marche vers l'Est. Au bout du trajet, ils atteignent l'Extrême Orient, ce qui leur semble une ruse formidable : ne pouvant pas se rendre tout droit à l'Ouest, ils contournent l'obstacle en voyageant vers l'extrême Est, là où l'Est et l'Ouest se rejoignent. Ce voyage tout autant symbolique qu'initiatique montre que tout en rêvant à l'Occident les garçons ne peuvent pas se libérer de l'Asie qui les retient. Ils s'en rendent compte au retour de leur escapade, en écoutant le récit d'un vieux Chinois dans lequel une aventure débouche sur une autre : « Je savais que j'allais retrouver l'Orient, l'Asie et l'interminable conte du Chinois sans âge. Cette vie où tout était fortuit et fatal en même temps, où la mort, la douleur étaient acceptées avec la résignation et l'indifférence de l'herbe des steppes. » (*TFA*, 189).

La découverte de leur double appartenance culturelle pousse les garçons à quitter d'abord la Sibérie et ensuite l'Union soviétique. Le narrateur se rend au début à Leningrad, « l'unique ville véritablement occidentale de l'Empire » (*TFA,* 242), pour se retrouver ensuite aux États Unis. C'est là où il va rencontrer un de ses amis d'enfance qui lui apprendra que le troisième des amis, Samouraï, avait réussi à regagner le pays de ses rêves, Cuba, avant d'y mourir. Pourtant, s'ils ont tous réussi à s'établir en Occident, leurs rêves d'autrefois ne se sont pas réalisés. Le narrateur l'avoue en se souvenant du pays et du temps de son enfance :

> Et aujourd'hui, avec toute ma sagesse occidentale, me dis-je avec un sourire amer, je ne comprends ni cette larme glacée dans l'œil d'un loup tué, ni la vie silencieuse sous l'écorce du cèdre séculaire qui porte dans son tronc un grand clou rouillé, ni la

solitude de cette femme rousse chantant pour quelqu'un d'invisible devant le feu, dans une isba ensevelie sous la neige (*TFA*, 263-264).

Le héros, on le voit, n'est pas arrivé à résoudre les tensions identitaires qui le terrassent ; même si les trois amis sont parvenus à la « terre promise » à laquelle ils aspiraient dans leur jeunesse, ils se heurtent toujours aux problèmes identitaires. Leur identité englobe les deux composantes, occidentale et orientale, mais ils semblent assumer en eux, même de façon inconsciente, l'identité plurielle qui les constitue.

L'esthétique makinienne qui enracine l'histoire et la mémoire dans le concret fait penser à la technique impressionniste. D'habitude, dans ses premiers romans, Makine raconte son histoire de façon chronologique. Pourtant, une évolution s'opère visiblement avec *Le Testament français*. À partir de ce récit, l'histoire de la vie du héros est représentée sous une forme plus disséminée. Des épisodes disjoints, à l'instar des points et taches impressionnistes, se recomposent pour former une image plus ample du passé. Dans *Requiem pour l'Est* ou *La terre et le ciel de Jacques Dorme*, les héros apprennent aussi peu à peu le passé dont l'image évolue au fur et à mesure qu'ils connaissent de nouveaux détails sur leurs familles et sur la vérité du pays.

La « méthode impressionniste » est un des points qui rapprochent l'esthétique makinienne de l'esthétique proustienne. Tous les deux écrivains passent « de l'impression à l'expression » (Nazarova, *Andreï Makine* 178) dans leurs œuvres. Il semble que pour Makine, ce ne soit pas tant l'intrigue que les impressions du héros-narrateur qui valent d'être racontées.

On peut discerner d'autres ressemblances avec le style proustien chez Makine. L'écrivain a recours à la technique proustienne du « souvenir involontaire », que Léo Bersani définit comme « une brève coïncidence entre un moment présent et un moment passé », quand « une sensation actuelle (comme le goût de la madeleine) éveille par hasard le souvenir sensoriel d'une expérience passée » (20). Le narrateur du *Testament français* vit dans le présent et dans le passé à la fois, et ses souvenirs lui permettent de revivre ses désirs et d'autres émotions d'autrefois.

Cette « mémoire proustienne » que Makine utilise dans son œuvre s'articule par associations qui unissent le moment présent à certains instants d'autrefois. Par exemple, dans *Le Testament français,* le cri mélancolique de la Koukouchka évoque plusieurs choses en alternance : un matin parisien enveloppé d'une brume ensoleillée, les veillées de l'enfance du héros, les étreintes de sa première amoureuse et le paquebot qui les a surpris. Ces instants et souvenirs « formaient un univers singulier, avec son propre rythme, son air et son soleil particuliers. Une autre planète presque » (*TF,* 280).

Dans les romans d'Andreï Makine, la mémoire se manifeste comme une force créatrice qui reconstruit d'un côté l'histoire nationale, de l'autre, le passé personnel du héros en fonction de son imagination, de l'oubli, de son rapport au passé, mais aussi de sa situation contemporaine et de ses besoins. Ces besoins semblent inextricablement liés à la question identitaire. Le héros souhaite en savoir toujours plus sur lui. Il transpose les résultats de sa quête en un récit qui, toutefois, ne le rapproche pas de la vérité. Il oscille entre le passé et le présent. L'imagination comble les lacunes de sa mémoire, mais le passé ressuscité par celle-ci n'est ni fixe, ni authentique. Il réapparaît sous des formes diverses, là où les souvenirs se brouillent au fil du temps et où les témoignages divergent de la version officielle de l'histoire. Au travers de cette masse d'événements, d'émotions et de personnages du passé, le héros s'interroge et émet des doutes au sujet de sa vérité biographique et de son appartenance. Mais la réponse qu'il trouve ne résout pas ses tensions identitaires. Or, l'identité serait-elle accessible en tant que quelque chose de préconstruit ? Il semble qu'on ne puisse que se l'*inventer*, ou, tout au plus, comme le montre Makine en filigrane de ses romans, se l'approprier en tant qu'hybride et multiforme, sur un mode imaginaire.

La représentation de l'espace-temps chez Andreï Makine

La question du temps et de l'espace chez Makine est d'une importance capitale, parce que les conditions particulières dans lesquelles le romancier met ses héros déterminent les grandes configurations sociohistoriques de son univers romanesque. La réalité géopolitique représentée dans les récits de Makine est à l'origine des tensions identitaires et des appartenances culturelles plurielles de ses protagonistes. Chez Makine, les indices de l'espace-temps romanesque global correspondent à la situation réelle en Europe du XXe siècle : le rideau de fer, la fermeture des frontières et le régime communiste en Union soviétique coupent le monde romanesque en deux ; l'Est et l'Occident européen apparaissent comme deux univers distincts. Le rêve de l'Occident est un motif prépondérant chez l'écrivain ; ce rêve inspire en grande partie l'action des romans. L'opposition de l'Est et de l'Occident européen constitue un axe organisateur de l'espace romanesque makinien et de la situation existentielle des protagonistes de ses récits. Il s'agit, bien sûr, de la situation géopolitique d'une époque particulière : le vingtième siècle, avec ses deux Guerres mondiales et l'instauration des régimes totalitaires. Le héros makinien vit dans la réalité de l'Europe et de l'Asie du milieu du vingtième siècle et son destin dépend largement de ce qui se passe dans ce temps-espace à la fois historique et concret.

Avant d'aborder la question du temps et de l'espace chez Andreï Makine, essayons de nous pencher sur la conceptualisation du temps et de l'espace elle-même. Selon Martin Heidegger, l'homme n'est pas arbitrairement placé dans un espace existant, mais son espace est créé au cours de son existence et possède un caractère relationnel. Il ne s'agit pas de l'emplacement de l'homme dans un espace extérieur et vide, mais du processus créateur qui résulte en constitution de son espace particulier. Selon cette approche phénoménologique, l'espace doit être saisi non seulement dans sa dimension physique mais aussi historique et symbolique. Elle a donc le caractère existentiel. Puisqu'un tel espace est bien représenté par la littérature, on pourrait même parler, après Jean Weisgerber, de l'espace romanesque qui « n'est jamais que le reflet, le produit d'une expérience individuelle et, dans bien des cas, d'une tentative d'agir sur le monde […] L'espace romanesque est un espace vécu par l'homme tout entier, corps et âme » (11).

Pour cerner la question identitaire de Makine dans le contexte de l'espace, la situation « exotopique » (en dehors de son propre espace culturel et national) de l'écrivain, il nous semble approprié de recourir aux concepts bakhtiniens. Afin d'examiner le rapport entre l'espace-temps historique (global) et la vie concrète des personnages makiniens, on s'appuiera sur l'idée de « chronotope », proposée par Mikhaïl Bakhtine dans *Esthétique et théorie du roman* (1975). Ce concept exprime la condensation des expériences individuelles et historiques dans un endroit ou un espace concret. Les représentations chronotopiques thématisent ces expériences et font d'elles des destins signifiants, scandés par des événements cruciaux. En ce sens, la quête identitaire se trouve dynamisée par des configurations et reconfigurations spatiotemporelles constantes de la signification du roman, toujours immergées dans l'historique et le social.

Le concept de « chronotope », propre aux mathématiques, a été adapté à la littérature par l'intermédiaire de la théorie de la relativité d'Einstein. Il se traduit littéralement par « temps-espace » et désigne « la corrélation essentielle des rapports spatio-temporels, telle qu'elle a été assimilée par la littérature » (Bakhtine, *Esthétique et théorie* 384). Le chronotope relie la représentation de l'expérience humaine au contexte artistique ; en d'autres mots, il « détermine l'unité artistique d'une œuvre littéraire dans ses rapports avec la réalité » (384). Dans *Esthétique et théorie du roman*, Bakhtine constate que l'image de l'homme en littérature est toujours essentiellement spatiotemporelle. Dans une œuvre littéraire « le temps se condense, devient compact, visible pour l'art, tandis que l'espace s'intensifie, s'engouffre dans le mouvement du temps, du sujet, de l'Histoire. Les indices du temps se découvrent dans l'espace, celui-ci est perçu et mesuré d'après le temps » (238–239).

Dans la littérature, toute chose est « imprégnée d'un temps qui lui donne sa forme et son sens » (Bakhtine, *Esthétique de la création* 249), ce temps étant, à la fois, « concrètement localisé dans un espace où il se trouve gravé » (249). Dans un tel univers, tout « est *spatio-temporel*, tout est *chronotope* authentique » (249, en italique dans le texte). Un fragment de l'histoire humaine est aussi condensé dans l'espace du temps historique, tout comme chaque fragment d'une vie individuelle se concentre dans l'espace et dans un temps privés et cruciaux pour l'individu. Ainsi, toutes les relations inscrites dans l'espace s'inscrivent aussi dans la durée, et les formes spatiales – des plus simples aux plus complexes – ne se concrétisent que dans et par le temps : leur réalité est historique, l'espace de leur croissance et de leur régression est un espace historique.

Dans son étude de la représentation spatiotemporelle de la réalité littéraire, Bakhtine décrit de grands chronotopes typologiquement durables (*Esthétique et théorie* 469), tels que le chronotope du roman grec antique, celui du roman de la chevalerie ou les chronotopes idylliques dans le roman contemporain. Si l'on considère les romans makiniens sous l'angle de grands chronotopes typologiques, on pourrait y discerner certains traits chronotopiques globaux. Généralement, le destin du héros makinien se concentre entre deux chronotopes déterminant l'œuvre de l'écrivain : l'espace-temps français et l'espace-temps russe, tous les deux dotés de caractéristiques différentes qui s'interpénètrent et se déterminent mutuellement.

La géographie romanesque de Makine : les chronotopes globaux

À première vue, chez Makine la représentation de la France correspond à l'espace-temps rêvé tandis que la Russie apparaît comme l'espace-temps réel de la vie des héros qui y naissent et y passent le temps le plus important de leur vie. Vue au niveau global, l'image de la Russie makinienne figure un pays totalitaire et déshumanisé par l'idéologie de l'État où toutes les particularités semblent nivelées ou détruites, quoique même cet univers soviétique soit souvent peuplé de gens bienveillants et courageux. Dans *Le Testament français,* pour fuir, au moins au niveau imaginaire, cet univers terrifiant, le héros, Aliocha, rêve de l'Occident (la France) au point d'oublier presque la réalité qui l'entoure. Les rêveries sur la France sont salvatrices pour d'autres héros, ceux de *Requiem pour l'Est* et de *La terre et le ciel de Jacques Dorme* ; elles leur permettent de retrouver le sentiment d'appartenance qu'ils n'ont jamais eu, privés de leurs familles condamnées, puis assassinées par le régime soviétique. D'autres héros, comme les trois garçons de *Au temps du fleuve Amour,* décident de contourner le rideau de fer qui les sépare de l'Occident en se rendant à l'Extrême-Orient dans l'espoir qu'ils pourront par là rejoindre l'Occident européen. En général, l'Occident est une contrée qui fascine et attire les héros, comme elle avait fasciné et attiré l'auteur lui-même dans son enfance. Cet Occident n'a pas de frontières précises. Le plus souvent, il s'agit d'une certaine idée de l'Occident incarnée en particulier par la France, les Français, ou, au moins, par la langue française.

Pourtant, comme nous l'avons déjà vu à travers notre discussion sur la langue et la mémoire culturelle, chez Makine non seulement la France, mais aussi la Russie d'autrefois est convoitée, idéalisée, voire mythifiée. Au début, c'est l'espace russe qui détermine l'expérience des héros : le manque de liberté et de beauté déclenche le rêve d'un autre pays. Celui-ci est complété par le jeu de l'imagination sur l'Orient et l'Occident, la recherche des valeurs compensatoires, dites « occidentales », qui favorisent le déplacement vers un Orient qui « côtoierait » l'Occident. Le voyage vers l'Est effectué par des héros de *Au temps du fleuve Amour* apparaît comme exemple d'une telle compensation et aussi comme un préparatif au vrai voyage, l'émigration à l'Ouest. Cependant, quand le héros makinien choisit de s'exiler à l'Ouest, un renversement dans l'espace s'opère : désormais, sa vie n'est plus déterminée par l'Occident dont il rêve tout en restant en Russie, mais par des souvenirs nostalgiques de la Russie dont il rêve tout en restant en exil, en Occident. En ce sens, le pays natal qu'il appelle dans ces souvenirs est une représentation souvent mythifiée de la Russie. Ce qui contribue à ce renversement, c'est certainement le désillusionnement des héros-narrateurs makiniens par l'exil et le pays d'immigration. Pour eux, sa brutalité et son caractère banal n'ont rien à voir avec la vision sublimée du passé.

Dans son essai, *Cette France qu'on oublie d'aimer* (2006), Makine parle explicitement de son désillusionnement quant à l'Occident et de différence entre la France imaginée et réelle. Il y évoque une expérience particulièrement déceptive lorsque dans une église de province, il regardait un tombeau de soldats sur lequel une longue liste de noms était gravée, symbolisant l'histoire glorieuse et héroïque des Français. Mais à la sortie de l'église, quand il voit son entourage, ses idées changent complètement :

> Je quitte à regret la fraîcheur de Sainte-Radegonde. Dehors, le bruit et la puanteur du nœud coulant d'un embouteillage qui se resserre autour de l'église, des visages hargneux, l'abrutissant cognement de la techno, des chauffeurs qui se défient, et plus loin, dans la rue du village, l'extrême laideur de la foule engourdie par la chaleur, par la promiscuité recherchée, le vacarme. Et cette terre où, dans un tombeau, veille un soldat au garde-à-vous, ces anciens champs et pâturages qui disparaissent sous la carapace hideuse des maisons de vacances, toutes pareilles dans leur médiocrité rose-beige de constructions sans âme. De longs siècles de chevalerie pour en arriver là ?
> L'inévitable syndrome qui frappe tout étranger épris de la France : pays rêvé, pays présent. Ne vaudrait-il pas mieux fermer les yeux sur l'envahissante laideur d'aujourd'hui ? (18–19)

Face à l'écart entre la France rêvée et la France réelle, Makine, l'immigrant russe, se retourne vers sa Russie

natale. Cela nous autorise à dire que les deux grands chronotopes makiniens – l'espace-temps russe et l'espace-temps français –, ne peuvent pas être traités séparément, car l'un détermine et engendre l'autre et leur transposition réciproque est visible dans presque tous les romans de l'écrivain.
　　Ce renversement de perspective par transposition s'opère manifestement au cours du temps. La France est le pays de rêve des jeunes narrateurs du *Testament français*, de *Au temps du fleuve Amour,* de *Requiem pour l'Est* et de *La terre et le ciel de Jacques Dorme*. Quant à la sphère russe, réelle et palpable pour le narrateur jeune ou à l'âge précoce, elle s'éloigne et devient sublimée au cours du temps, après que le narrateur quitte sa patrie. Devenant de moins en moins tangible, l'espace-temps russe gagne le caractère magique des premiers temps. Si la transformation de la représentation de la France au cours du temps se solde par le désillusionnement du héros-narrateur, c'est parce que l'espace-temps russe est magnifié comme un pays imaginaire. C'est pourquoi, nous semble-t-il, le héros-narrateur s'attache avant tout à l'espace et au temps imaginés ou rêvés, absents de sa vie. Dans *Le Testament français*, la France rêvée gagne en puissance parce qu'elle est l'objet de la projection imaginaire d'un petit garçon innocent. De même, si la nostalgie évoquée par les souvenirs de l'enfance « russe » envahit le héros avec une telle force, c'est parce qu'il n'y est pas rentré depuis des années et que cette longue absence renforce le caractère idéalisé de la représentation du pays recomposée par l'homme.
　　Comme nous le voyons, dans sa dimension globale la géographie makinienne s'organise autour de l'axe est-ouest. L'univers imaginaire de l'écrivain englobe la Russie qui constitue son centre, l'Occident européen d'un côté et la partie asiatique orientale de l'autre. Ces trois espaces,

russe, occidental et oriental, jouent ici des rôles symboliques particuliers ; le premier exprimant l'emprisonnement et l'impossibilité, le deuxième – une vie libre et heureuse, le troisième – un passage possible vers un monde meilleur. Ces espaces, bien sûr, s'interpénètrent, ce qui leur donne une certaine profondeur et épaisseur, mais aussi contribue parfois au caractère tragique de l'univers makinien.

Lorsque l'espace occidental rêvé, associé à la France, fait l'irruption dans le quotidien soviétique, il est doté du pouvoir magique de transformer ce dernier. Il a déjà été question de l'apparition de Jean-Paul Belmondo dans *Au temps du fleuve Amour,* où l'acteur « [...] surgit au milieu de la taïga enneigée, comme propulsé par une fantastique cascade » (*TFA,* 130). Cette expérience change la manière dont les héros voient leur entourage. Ils éprouvent désormais l'impact de l'Occident sur leur vision du monde familière comme quelque chose d'absolu et d'irréversible.

Il est intéressant de voir la façon dont l'Occident pénètre dans la vie des héros en Russie. Nous avons déjà vu que dans *Le Testament français,* la France, telle « l'Atlantide » oubliée, émerge des histoires racontées par Charlotte sur le balcon de son appartement, situé dans un immeuble à la lisière de la steppe. Voilà comment l'Occident apparaît dans l'imagination collective de la génération du héros en Russie dans *Au temps du fleuve Amour* : « Oui, l'Occident était né dans le pétillement du champagne de Crimée, au milieu d'une grande isba noyée dans la neige, après un film français vieux de plusieurs années. C'était l'Occident le plus vrai, car engendré *in vitro*, oui, dans ce verre à facettes lavé de flots entiers de vodka. Et aussi dans notre imagination vierge. Dans la pureté cristalline de l'air de la taïga » (*TFA,* 113). Ce passage montre bien la conception purement idéale de l'Occident dans la conscience des héros. Il est engendré « *in vitro* », hors de toute idée réelle et de tout contact avec la réalité ouest-européenne. Si le verre de vodka joue ici le rôle de l'éprouvette servant à la fécondation, c'est précisément *le champagne* qui cristallise les images éphémères de la culture française (le vieux film avec Belmondo) et qui féconde véritablement les esprits des garçons. Le champagne n'est pas un alcool comme un autre, il fait penser au champagne français, donc à un alcool occidental de qualité, bien que la boisson dont se délectent les garçons vienne de la Crimée. La métaphore de la fécondation *in vitro* est parlante aussi dans un autre sens. Les garçons boivent le champagne dans un verre « lavé de flots entiers de vodka » qui devient comme une coupe de champagne où naît une meilleure vie. De même, les images de l'Occident qui enivrent l'imagination des garçons prennent naissance dans des isbas russes. L'Occident rêvé est un espace riche en associations culturelles et émotionnelles ; de façon miraculeuse, dans les récits de Makine, son image est conçue (« libérée ») à partir de l'espace russe, monolithique (la taïga) et monochromatique (la blancheur de la neige).

On pourrait dire que dans cet espace-temps hybride (russo-français) aux frontières flottantes, les héros makiniens existent comme à la frontière entre la Russie soviétique et l'Occident idéalisé. Leur destin étant fortement marqué par la situation historique et politique dans laquelle ils vivent, l'Occident y devient la partie du monde la plus convoitée, d'autant plus qu'elle est inaccessible à travers le rideau de fer. Or, cette frontière infranchissable renforce le désir des héros de se rendre en Occident, de vivre ailleurs.

Les chronotopes liés à la Russie et à la France dans les romans makiniens se complètent mutuellement. Du point de vue de la situation politique et historique, l'espace-temps français représente ce qui manque dans l'univers russe dans lequel vivent les héros-narrateurs makiniens. Or, comme nous l'avons déjà observé, la Russie, au plan symbolique global, apparaît comme un espace de l'authenticité, de la nature et de la simplicité de la vie, tandis que la France, construite à partir des récits et anecdotes tirés des livres, représente l'univers de la culture. Cette tension nature-culture différencie les deux pays, mais elle les rend aussi complémentaires.

La différence entre l'ordre naturel et l'ordre culturel, le palpable et l'éphémère, dont nous avons parlé dans les chapitres précédents, est aussi observable au niveau de la représentation géographique des deux pays. La géographie française est décrite et problématisée, par exemple, par le narrateur de *La terre et le ciel de Jacques Dorme*. Il admire la France, mais il s'agit d'une France particulière, reconstruite, comme chez d'autres héros makiniens, à partir de la lecture de vieux livres français et à travers les récits d'un personnage-médiateur, qui est ici Alexandra, une amie française de ses parents. Le héros l'admet lui-même en parlant de la France : « ce n'est pas la réalité de cette image qui m'intéressait mais sa beauté » (*TCJD,* 61). Parmi un amas des livres rassemblés dans les décombres d'une ancienne bibliothèque, il tombe sur une page arrachée, marquée par le feu, avec le début d'un poème dont il ne peut pas identifier l'auteur :

> *Le soleil se lève à Nancy,*
> *Il est desja sur la Bourgogne,*
> *Nous le verrons bien-tost icy,*
> *Pour s'en aller dans la Gascogne.*

Aucune géographie ne me donnerait une sensation plus physique de la terre de France, de ce territoire qui m'avait toujours paru, d'après les cartes, bien trop réduit pour pouvoir prétendre à des fuseaux horaires. Le poète avait exprimé l'intuition de l'espace aimé, ce sens charnel de la patrie qui nous permet d'envelopper d'un seul regard tout un pays, d'en percevoir très distinctement les tonalités, différentes d'une vallée à l'autre, la variation des paysages, la substance unique de chacune de ses villes, le grain minéral de leurs murs. De Nancy à Gascogne... (*TCJD*, 60).

L'attitude du narrateur envers la France est émotionnelle et sensuelle, pareillement à l'attitude de l'auteur du quatrain. Dans le poème, des noms tels que « Nancy », « Bourgogne » et « Gascogne » sont des noms géographiques qui font allusion à la France du Moyen-Âge et à ses héros. L'espace de la France, auquel s'associent ces noms, semble restreint ; « De Nancy à Gascogne » on peut l'embrasser d'un seul regard. Or, dans cet espace délimité se concrétise un temps cyclique, lié à la course journalière du soleil qui embrasse tout le territoire du pays. Ainsi, la France imaginée par le héros à partir du poème apparaît comme un pays mythique dans un coin du monde qu'on parcourt en une journée, périodiquement, comme le soleil. L'espace-temps de la France y semble complet et clos, comme si le pays n'avait pas de contact avec le reste de l'univers. Cette représentation d'une temporalité mythique est particulièrement dynamique si l'on compare l'image de la France et celle de la Russie (de l'Union soviétique) où les fuseaux horaires coupent le temps et introduisent la discontinuité, connotant ainsi son immensité et sa monumentalité sociohistorique.

Dans *La terre et le ciel de Jacques Dorme*, la découverte du poème survient au moment où le héros, injustement puni par les responsables de son école, doit nettoyer le couloir devant « la pièce de Lénine » dans l'orphelinat. En le nettoyant, il se rend compte de ce que le français, avec toute sa richesse culturelle, signifie dans sa vie. Grâce à l'irruption du français, avec son temps et son espace particuliers, la vie du héros gagne une dimension plus profonde et plus riche. En comparaison avec la réalité de l'orphelinat, l'espace-temps français semble raffiné, profond et salutaire. Le garçon s'y accroche car il y voit la promesse d'une vie meilleure. On peut ajouter à cela que le héros contemple le territoire de la France comme le corps d'une femme : il l'englobe d'un regard imaginaire, scrute les tonalités, les paysages, le relief et la substance, comme s'il contemplait la silhouette d'une femme et sa peau (nous allons revenir à cette féminisation de l'espace-temps français plus loin dans ce chapitre).

Dans *Le Testament français*, on voit bien les va-et-vient entre les valeurs attribuées à la culture française et celles qui sont propres à la vie russe. Le héros-narrateur éprouve des liens très forts avec la vie de sa famille russe dans une grande ville stalinienne et, du même coup, reste envoûté par l'aura française créée par sa grand-mère française, Charlotte, dans sa maison à Saranza. Écartelé entre ces deux univers, il fait de vraies crises d'identité. Ces crises sont figurées par de longs voyages qu'il fait en train entre la grande ville où il habite et le village de Saranza. Ce télescopage d'espaces représente des changements déterminants dans sa vie. Il s'agit d'une série de retournements de son sentiment d'appartenance. La première crise s'opère dans un endroit hautement symbolique : un carrefour des routes. Aliocha y arrive chaque soir pour s'abandonner à l'agréable sentiment du dépaysement :

> Je passais ces soirées à un carrefour qui, dans le crépuscule d'automne et avec un léger effort d'imagination, faisait naître une illusion surprenante : celle d'une soirée pluvieuse dans une

> métropole d'Occident. C'était un endroit unique au milieu des larges avenues monotones de notre ville. Les rues qui s'entrecroisaient ici s'enfuyaient comme les rayons d'un cercle – les façades des immeubles en restaient découpées en trapèze. Je savais déjà qu'à Paris Napoléon avait ordonné cette configuration aux croisements des rues, afin d'éviter les collisions des voitures...
> [...] Je n'appartenais plus ni à mon temps ni à ce pays. Sur ce petit rond-point nocturne, je me sentais merveilleusement étranger à moi-même (*TF*, 197–198).

L'irruption de l'espace français dans la réalité soviétique est ici tellement forte qu'elle suspend l'écoulement du temps et arrache le héros à l'espace russe. Le carrefour figure un tournant dans l'expérience du garçon, car en convoquant la France imaginaire, il se transporte dans un *no man's land* où il se sent en dehors du temps et de l'espace. Le carrefour, comme lieu d'où l'on peut partir dans plusieurs directions, préfigure le renversement dans la vie d'Aliocha. Un jour, lorsqu'il se trouve au carrefour, il apprend la mort inattendue de sa mère. Cette nouvelle suscite sa honte : « ma mère mourait et moi, dans un contentement égoïste, je me réjouissais de ma liberté, recréant l'automne parisien sous les fenêtres du musées de l'athéisme ! » (*TF*, 199).

Dorénavant, suite à cette révélation, s'opère un véritable rejet de tout ce qui est français. Le narrateur perçoit avec acuité qu'il est un « vrai » Russe et qu'il doit tout à sa patrie. Il se détourne de Charlotte qu'il accuse de l'avoir envoûté avec ses contes français et il décide de retrouver « la vie réelle ». Dans cette vie qu'il considère authentique, il habite avec son père, victime de la guerre, avec sa tante et son concubin de l'époque stalinienne. Il finit par s'entendre avec ses camarades de classes, apprend à tirer d'un fusil et vit son initiation sexuelle. Cet univers concret et palpable n'a rien à voir avec l'espace-temps français rêvé et imaginé, construit à partir des éléments culturels *autres*. On peut dire que le passage entre les deux sphères se concrétise au carrefour de la ville soviétique. L'attitude du héros change au cours du temps et, sous certains aspects, elle est tout à fait inverse par rapport à son attitude envers les mêmes deux espaces lors de son enfance.

Le désillusionnement face à la France est aussi bien marqué dans *La terre et le ciel de Jacques Dorme*. Le protagoniste, émigré en France, devient écrivain. Comme il décide d'écrire un livre sur le pilote Jacques Dorme, il se rend dans une ville du Nord pour rencontrer le frère de ce dernier. Sur place, il observe l'atmosphère d'une banlieue défavorisée qu'il a connue habitant Paris : à Barbès, à Aubervilliers et à Belleville. Dans cette petite ville, il voit des poubelles renversées au milieu des bouteilles qui roulent sous ses pieds ; la plaque de la rue qu'il longe est barbouillée de rouge, des loques de tissu accrochées à un sèche-linge ondoient sous une fenêtre cassée ; « une entrée brûlée comme la gueule d'un énorme fourneau, une rangée de boîtes aux lettres jetée sur un gazon couvert de sacs-poubelles » (*TCJD*, 176) font peur aux passants, pressés de rentrer dès que le narrateur essaie de les approcher pour demander son chemin[1].

On voit dans ce roman à quel point l'image de la France réelle que le héros-narrateur connaît à partir de son expérience d'immigré diffère de l'image de la France chérie et idéalisée des récits dont les héros makiniens se régalent dans leur enfance. Cette France-là semble

---

[1] Cette description rappelle le fragment sur le village de province cité au début de ce chapitre (Makine, *Cette France* 18–19).

appartenir à jamais au passé. L'auteur en parle d'ailleurs sur un ton qui rappelle les récits de la « France-Atlantide » du *Testament français* : « Nous ne partons pas, c'est le pays, leur pays, leur France qui s'éloigne, remplacé par un autre pays. Cette maison entourée d'arbres nus et de branches d'if, d'un vert presque noir, fait penser au dernier rocher d'un archipel englouti » (*TCJD*, 185).

Comme nous l'avons déjà dit, le désabusement vis-à-vis de la France est inversement proportionnel à l'attitude de l'immigré makinien envers la Russie conservée dans sa mémoire et qui prend la place de la France d'autrefois (la « France-Atlantide »). La vie en Union soviétique décrite par Makine est évidemment dure et parfois tragique, mais elle est aussi marquée par des moments de pure joie. Par exemple, l'action de *La confession d'un porte-drapeau déchu* se déroule dans une cour située parmi trois immeubles d'une banlieue de Leningrad. Les protagonistes y vivent une enfance heureuse, entourés d'amour de leurs parents, de sollicitude des voisins et de solidarité de tous les habitants, quasiment à l'abri d'un régime oppresseur.

Si l'on compare *Le Testament français* au *Crime d'Olga Arbélina*, on observe aussi un renversement dans la représentation du chronotope russo-français. Charlotte Lemonnier est Française, mais elle vit en Union soviétique en cultivant ses souvenirs français. Par conséquent, elle demeure dans un entre-deux : son identité et son comportement sont marqués par ses deux cultures, deux langues et deux espaces. Elle est parfaitement intégrée à la vie russe, mais préserve toujours sa francité qui la rend différente de son entourage. La situation est inversée dans *Le crime d'Olga Arbélina*. Olga, originaire d'une famille de noblesse, vit en France, dans une communauté des immigrés russes à Villiers-la-Forêt dans la banlieue parisienne. Dans sa vie, l'univers français se greffe sur l'univers russe, bien que ce dernier soit présent seulement dans les souvenirs et les émotions. Dans ce roman, la Russie et la France sont rattachées l'une à l'autre par l'Histoire et par le destin personnel de l'héroïne. Pendant la Révolution d'octobre, nombre de Russes dont Olga fuient leur pays et arrivent à Paris : « Paris ressemble au goulot d'un entonnoir – l'immense Russie transvase en lui sa masse humaine. Il est impossible de ne pas croiser ceux qu'on a déjà rencontrés dans la vie d'autrefois » (*COA*, 168). La manière de narrer les événements renforce cet effet de liaison : « L'enfant [d'Olga et du prince Arbéline, son mari] naît en 1932, l'année où l'émigrant russe, Pavel Gorgoulov, tue d'un coup de revolver le président Paul Doumer » (*COA*, 171). La liaison entre la naissance de l'enfant d'Olga à Paris et l'assassinat du président français par un Russe rend manifeste la présence russe (et son rôle dévastateur) dans l'existence parisienne d'Olga.

Pourtant, malgré la proximité de Paris et l'entourage français, les habitants de cette communauté cultivent leurs souvenirs russes et vivent dans l'atmosphère des temps anciens. Olga elle-même est imprégnée d'anciennes coutumes et de souvenirs russes. Elle éprouve toujours de vives émotions face à « ce néant vertigineux de la Russie qui lui coupait le souffle et dont elle ne savait même pas quoi penser » (*COA*, 72). Cette citation recèle un aspect chronotopique important du roman. Comme nous venons de le dire, c'est la Russie d'autrefois, non pas la France d'antan, qui joue le rôle de l'espace-temps rêvé dont le manque est à l'origine de la souffrance. Mais la situation d'Olga est aussi un bon exemple de l'interpénétration des espaces russe et français. Les deux forment un chronotope bifocal particulier dont la signification ne serait pas la même si ses deux foyers restaient séparés. On assiste ici au caractère proprement dialogique des deux univers, russe et français. Leur rapport de réciprocité, d'interférence, consiste à combler par l'un le manque qui se dessine dans l'autre. À partir de ce dialogue et cette interpénétration apparaît un espace-temps propre à la situation du héros makinien, enraciné dans son univers singulier. Nous voyons à présent la fonction complémentaire des éléments russes et français composant le chronotope général de l'œuvre makinienne. Le dynamisme de l'évolution de ces espaces au cours du temps aboutit à la situation où l'espace français, figuré d'abord comme mythique, cède la place à sa variante réaliste brute, tandis que la réalité russe des temps de la Seconde Guerre mondiale et de la guerre froide se transforme en une contrée quasi bucolique du temps de l'enfance. L'évolution du destin des héros de plusieurs romans makiniens n'est concevable qu'à travers cette double spatiotemporalité ; elle est à la source de toute énonciation des narrateurs, puisque c'est le désillusionnement par rapport à l'Occident qui les incite à parler de la Russie d'autrefois sur un ton mélancolique ou nostalgique.

Outre les interférences chronotopiques, chaque roman makinien laisse voir l'impact de la situation spatiotemporelle sur la vie des héros. Dans *Le Testament français*, par un caprice du destin, Aliocha est né en Union soviétique après la Seconde Guerre mondiale, mais en grandissant il se sent tantôt russe, tantôt français. Le rideau de fer séparant l'Est et l'Ouest de l'Europe, et, par conséquent, la Russie et la France, constitue une contrainte historique, politique et existentielle. L'histoire commence en Union soviétique dans les années 1950, puis elle se développe en France de la Belle époque. En 1920, trente ans plus tard, il est déjà impossible de quitter la Russie pour la France. Cela détermine la vie de Charlotte, venue de Paris en Sibérie après la Première Guerre mondiale pour chercher sa mère Albertine et retourner avec elle en

France. À cause du rideau de fer, cette jeune Française, âgée à peine de dix-neuf ans, est obligée de rester en Russie et d'accepter la vie dans ce pays, une vie qui deviendra, faut-il l'ajouter, tout à fait différente de sa vie parisienne. La séparation des deux pays devient plus rigide avec la fermeture de la frontière entre l'Empire soviétique et l'Europe occidentale. Cela provoque un déchirement dans la vie de Charlotte. Au début de l'histoire racontée, elle est séparée de sa mère qui reste de l'autre côté du rideau de fer et aucune information sur sa vie ne parvient à Paris. Ensuite, elle se retrouve elle-même derrière la frontière sans possibilité de rentrer en France. Or, ce ne sont pas tant les conditions de vie misérables qui l'accablent, car elle ne craint pas la pauvreté, mais l'éloignement de la France et de ses valeurs dont elle est écartée. Elle les conserve dans son esprit, mais doit s'adapter aux circonstances idéologiques imposées par les autorités soviétiques : « Son mari [...] lui fit comprendre qu'une frontière, plus infranchissable que n'importe quelle montagne, s'élevait désormais entre sa vie française et leur vie. Il cherchait les mots pour dire ce qui paraîtrait bientôt si naturel : le rideau de fer » (*TF*, 99). Désormais, Charlotte va recréer dans son esprit le monde de son enfance et le revivifier par des histoires racontées à ses petits-enfants. Ce monde, c'est « l'Atlantide française », la France de jadis engloutie à la suite du cataclysme de l'arrivée du communisme au pouvoir.

En lisant *Le Testament français,* on trouve une autre représentation chronotopique qui est thématisée par l'expérience du voyage. Il s'agit, entre autres, des voyages métaphoriques, par exemple celui de la Russie à travers le XXe siècle, son passage du tsarisme au communisme et, ensuite, à un libéralisme sauvage avec tout ce qu'un tel passage implique d'exaltant et de déceptif pour les habitants du pays.

Chez Makine, le chronotope de l'Union soviétique, correspondant au temps de son enfance, est représenté d'un roman à l'autre de façon semblable (le chronotope « soviétique » des années de l'après-guerre et les décennies 1950 et 1960). Dans plusieurs romans (*La fille d'un héros de l'Union soviétique, Confession d'un porte-drapeau déchu, Au temps du fleuve Amour, Requiem pour l'Est, La terre et le ciel de Jacques Dorme*), le héros naît au temps des purges staliniennes et, ensuite, il voit le relâchement du régime communiste. Dans *Requiem pour l'Est*, le protagoniste vient au monde en Caucase quelques mois avant la mort de Staline. Ses parents, dissidents, n'échappent pas aux persécutions ; leur fils, d'abord envoyé dans un orphelinat pour enfants des « ennemis du peuple », est finalement relâché quand l'orphelinat ferme. Quelque temps avant cette fermeture, une amie de ses parents, Sacha, aux origines françaises, commence à lui raconter l'histoire de sa famille. Il apprend ce qui a été inavouable sous le régime stalinien, comme l'origine cachée de sa grand-mère Anna, fille d'un riche propriétaire terrien, qui vivait à Saint-Pétersbourg et faisait de longs séjours à l'étranger. Ces révélations ne marquent que le début de la prise de conscience du garçon, en même temps que le début d'une lente ouverture politique et idéologique du pays. Jeune homme, il entame une carrière de médecin militaire et, ensuite, celle d'espion. Adulte, il connaît plusieurs pays en Afrique et au Proche Orient où les Russes font la guerre, puis, il se déplace beaucoup en Europe. Au tournant des années 1980, l'Union soviétique tire à sa fin, avant de disparaître en 1991 comme état. On peut donc dire que le héros de ce roman est le témoin du processus de l'écroulement de l'empire soviétique dont les premiers signes remontent déjà aux années 1950, donc au début de sa vie. Ainsi, on peut voir la vie du protagoniste comme condensée par le chronotope de l'Union soviétique de la deuxième moitié du XXe siècle.

Un autre exemple de ce chronotope qu'on peut appeler « soviétique » est visible dans *La fille d'un héros de l'Union soviétique*. L'héroïne, Olia, est la fille d'Ivan, qui a été décoré d'une étoile de Héros de l'Union soviétique pendant la Seconde Guerre mondiale. En 1980, au moment des Jeux olympiques à Moscou, elle est étudiante en troisième année à l'Institut des langues étrangères Maurice-Thorez de cette ville. Engagée comme interprète des sportifs, elle rencontre Jean-Claude, un Français avec lequel elle vit une courte histoire d'amour. Les autorités soviétiques profitent de cette liaison pour forcer Olia à devenir une prostituée-espionne pour le KGB, bien qu'elle soit officiellement nommée interprète au Centre du commerce international. Pourtant, elle espère pouvoir tout arrêter dans un proche avenir. Un jour, elle se lie avec Aliocha, fils d'une famille de la fine fleur de la société moscovite, et elle invite son père à venir à Moscou pour le présenter aux parents de son fiancé. Au cours de cette visite, le père rencontre un vieux camarade qui lui dévoile le mystère du travail des interprètes au Centre. Sous l'influence de cette nouvelle, Ivan se rend à la Beriozka, un magasin pour étrangers à Moscou, y provoque une bagarre et frappe des clients. Ensuite, il fait une crise cardiaque et, finalement, après un séjour à l'hôpital, il meurt.

La vie d'Olia semble déterminée au moment de sa rencontre avec le sportif français. Cette rencontre est décisive dans le contexte du régime soviétique. La situation politique dans le pays devient irrespirable, car les autorités tendent à limiter tout contact entre les Russes et les étrangers alors qu'il est clair qu'à l'occasion des Jeux olympiques ces contacts sont inévitables. Les autorités expulsent donc les habitants hors de la ville et surveillent les Moscovites qui restent sur place. Pour empêcher tout contact spontané avec les étrangers, les autorités utilisent le chantage. Olia, fille du héros soviétique, accepte de devenir espionne pour n'être pas déclarée prostituée, « vendue aux impérialistes ». L'expérience du passé de la fille s'aggrave au gré des circonstances : le compromis, la position politique et historique de son père, le contrôle croissant du KGB, la fermeture de l'Union soviétique. Autrement dit, son destin se déroule en fonction de l'espace-temps oppresseur dans lequel elle vit.

Chez Makine, on le voit, le chronotope de l'Union soviétique de l'époque communiste est déterminant pour le destin des héros. On pourrait dire, après Jean-Paul Sartre, que l'homme n'est pas libre face à l'espace dans lequel il vit. Il y est jeté par le destin, sans pouvoir le choisir. De même, le héros makinien est jeté dans l'univers soviétique du milieu du XXe siècle dont un des traits principaux est le verrouillage des frontières. Toute ouverture est bloquée (sauf le déplacement à l'intérieur du pays) et le héros doit vivre toutes les conséquences de cette situation d'enfermement. De ce chronotope spécifique, comme nous l'avons déjà dit, découlent toutes les tensions identitaires, interculturelles, conflits d'appartenance et réflexions du héros sur les clivages des cultures.

Outre cette situation géopolitique globale qui décide des destins des héros makiniens, d'autres expériences se condensent autour des grandes et des petites villes qui se partagent des fonctions chronotopiques importantes, car elles constituent une toile de fond pour des événements et des épisodes historiques concrets souvent déterminants pour les protagonistes. Dans ces grandes et petites villes on retrouve la maison familiale ou celle qui en possède les fonctions. Mais une telle maison n'est qu'un point de départ, car les héros makiniens ne restent jamais toute leur vie dans un seul endroit ; d'où l'importance du chronotope du passage et de ses marqueurs constitutifs : voyages, trains, gares. Ce passage nous renvoie de nouveau à l'espace-temps russo-français (ou sa variante : oriental-occidental) que les héros parcourent dans plusieurs directions, aussi bien de l'Est vers l'Ouest qu'à l'inverse.

Chronotope de la grande ville (Paris, Leningrad, Moscou)

Dans les romans makiniens on peut observer un traitement particulier des villes. Les protagonistes vivent, en général, dans des petites villes ou des villages, tels que Boïarsk, Saranza, Svetlaïa, Neuilly sur Seine ou Villiers-la-Forêt. Ces localités leur procurent le sentiment de sécurité et d'enracinement, bien qu'ils y connaissent aussi des difficultés dues au climat, à la pauvreté ou à la solitude. Pourtant, ils rêvent des grandes villes, surtout de Paris. Le chronotope de la grande ville est lié aux expériences déterminant leur destin. Dans les premiers romans de Makine, on peut observer une certaine dichotomie au sein des chronotopes des villes : les villes staliniennes, imposantes et inhumaines, s'opposent à Paris – construction de l'esprit et incarnation des rêves et des libertés. Si l'on pense aux grandes villes dans la prose makinienne, trois parmi elles semblent importantes : Paris, Leningrad et Moscou. Selon cet ordre, on passe, encore une fois, de l'espace européen à l'espace russe ou même asiatique.

L'importance de Paris consiste principalement à inciter l'imagination du jeune héros makinien, ce qu'on voit le mieux dans *Le Testament français* ou *Au temps du fleuve Amour*. Les protagonistes de ces deux romans sont émerveillés même par le peu de choses qu'ils savent sur la ville ; l'admiration pour la capitale française les pousse à se construire une image mythique de Paris en ajoutant des éléments imaginaires à des bribes de connaissances réelles qu'ils ont sur la capitale française. Deuxièmement, la ville est souvent associée à l'écriture littéraire ; en effet, aussi bien dans les récits de Makine que dans sa vie, Paris est le lieu de son initiation à l'art d'écrire. Troisièmement, comme on l'a déjà suggéré, au fil des pages de ses livres on observe une certaine évolution de l'attitude de l'auteur envers Paris qui apparaît alors comme un des pivots géographiques et existentiels de l'univers makinien.

Dans *Au temps du fleuve Amour*, Paris incarne l'idée plus générale de l'Occident. La ville apparaît comme un espace de liberté et figure en contrepoint la libération des contraintes qu'impose aux héros la vie en Union soviétique. En regardant plusieurs fois le même film avec Belmondo, les héros apprennent la topographie parisienne et font la connaissance de la ville à travers l'écran du cinéma. Paris reste pourtant, comme tout ce que les garçons s'imaginent sur l'Occident, une ville onirique, presque irréelle. Les garçons s'accrochent à son image parce qu'elle les fait rêver et leur permet d'oublier la dureté des conditions de vie et la sévérité de leur pays.

Cependant, la rencontre avec Olga, la parente de l'un des amis, change leur attitude envers la ville. « – Olga est une noble. Et elle a vu Paris... » – constate un jour Samouraï (*TFA*, 195). Les garçons restent interloqués par cette révélation. Un jour, la femme leur raconte le voyage de Saint-Pétersbourg à Paris qu'elle avait vu en 1914 pour « la dernière fois » (*TFA*, 195). À cette occasion, elle est montée à la Tour Eiffel. Pour les garçons, l'espace du récit ressemble à l'univers magique d'une fable. En racontant, même Olga semble se croire folle d'avoir vu Paris – et cela à une époque dont il est difficile d'imaginer la richesse et la beauté. Dans l'espace parisien se cristallise l'expérience cruciale qui a transformé pour toujours la vie de la femme.

Le récit d'Olga est révélateur pour les garçons parce qu'il leur permet de comprendre que ce Paris mythique fut un jour « accessible » et qu'on pouvait s'y rendre pour un but aussi ordinaire que de « grimper une tour » (*TFA*, 196). En écoutant Olga, ils ont l'impression qu'autrefois l'Occident était presque « la porte d'à côté » et non pas « cette planète interdite, accessible seulement par le biais de la féerie du cinéma » (*TFA*, 196).

Le chronotope « parisien » apparaît alors comme espace-temps miraculeux où l'impossible peut se réaliser et où la fermeture sur l'Occident peut être défiée ; suite aux films avec Belmondo et aux récits d'Olga, l'Ouest et Paris commencent à « exister » et sont presque palpables.

Le caractère imaginaire de Paris est encore plus visible dans *Le Testament français*. On peut y discerner un développement progressif de l'image de la ville. Celle-ci se construit dans les esprits des protagonistes-enfants à partir du moment où leur grand-mère, Charlotte, commence à leur raconter sa propre enfance à Paris. L'auteur dévoile la manière selon laquelle les enfants perçoivent la ville ; elle est, d'abord, « une Atlantide brumeuse » sortant des flots – une référence manifeste à l'univers magique des contes. Dans les récits de Charlotte, toute une série d'images fantastiques suit l'apparition fabuleuse de Paris-Atlantide. Il y a avant tout un président qui, pendant le déluge de Paris, « était réduit aux repas froids » : les enfants l'imaginent comme « un vénérable vieillard – unissant dans ses traits la noble prestance de notre arrière grand-père Norbert et la solennité pharaonique d'un Staline –, un vieillard à la barbe chenue, assis devant une table tristement éclairée par une bougie » (*TF*, 30). L'image du président en difficulté correspond ici à l'image d'un vieux sage des contes traditionnels. Au fur et à mesure que Charlotte dévoile les secrets de sa patrie devant les enfants, ceux-ci imaginent d'autres scènes merveilleuses. Le narrateur décrit, par exemple, Neuilly-sur-Seine sous les traits d'un village russe. En écoutant les récits de Charlotte les enfants se déplacent dans un Paris de rêve, gouverné selon ses propres lois et événements – tels la visite du tsar Nicolas II et de la tsarine Alexandra :

> Plusieurs années plus tard, nous apprendrions la vraie chronologie de cette auguste visite : Nicolas et Alexandra étaient venus non pas au printemps de 1910, après le déluge, mais en octobre 1986, c'est-à-dire bien avant la renaissance de notre Atlantide française. Mais cette logique réelle nous importait peu. Seule la chronologie des longs récits de notre grand-mère comptait pour nous : un jour, dans leur temps légendaire, Paris surgissait des eaux, le soleil brillait et au même moment, nous entendions le cri encore lointain du train impérial. Cet ordre d'événements nous paraissait aussi légitime que l'apparition de Proust parmi les paysans de Neuilly (*TF*, 46).

Il n'est pas étonnant que Paris, la ville imaginée par les héros-enfants, devienne le lieu où naît la vocation littéraire du héros-adulte. Les récits fabuleux sur Paris, ont muni la ville d'un pouvoir magique à tel point qu'elle reste une source d'inspiration même après des années. Dans *Confession d'un porte-drapeau déchu*, *Le Testament français* et dans *La terre et le ciel de Jacques Dorme*, le narrateur est un écrivain russe immigré à Paris, aux prises avec un début de carrière difficile et les problèmes avec les éditeurs. Le héros du *Testament français* vit l'initiation à l'écriture dans un endroit particulier – à un cimetière.

Exilé à Paris, sans abri, il se cache dans une niche funéraire. Très malade, il passe quelques jours presque sans conscience pour se réveiller finalement et s'adonner à l'écriture : « Ma situation d'outre-tombe est idéale, non pas seulement pour découvrir cette vie essentielle, mais aussi pour la recréer, en l'enregistrant dans un style qui reste à inventer » (*TF*, 309), écrit-il dans un cahier qui se transformera en récit, *Charlotte Lemonnier. Notes biographiques.*

À côté des images idéalisées de Paris, dans nombre de récits makiniens on retrouve une attitude négative envers la ville. Le narrateur de *Confession d'un porte-drapeau déchu* vit à Paris, mais s'y sent malheureux. L'indifférence présumée de la ville le déçoit. Il passe inaperçu parmi la foule des Parisiens, convaincu qu'il ne sera jamais à l'aise dans cette ville et ne pourra jamais accepter la vie parisienne ni s'y intégrer :

> Je me suis arrêté au carrefour chaud et bruyant de l'Odéon. Le va-et-vient à cet endroit vous rend invisible. On peut rester sans bouger. On peut garder dans le lointain brumeux du regard ce passé plus étrange que la mort. Personne n'y fera attention. On peut même murmurer tout bas comme je le fais, moi :
> – Tu sais, nous resterons toujours ces pionniers aux foulards rouges. Le soleil aura toujours pour nous ce petit goût de cuivre, et le ciel la sonorité des battements du tambour. On n'en guérit pas. On ne se remet pas de l'horizon lumineux qui était à quelques jours de marche. À quoi bon se mentir ? Nous ne serons jamais comme les autres, comme les gens normaux (*CPD*, 15–16).

– Dans la série des romans makiniens dans lesquels on voit des images dysphoriques de Paris, on pourrait ranger *Le crime d'Olga Arbélina*. L'action du récit se passe à Villiers-la-Forêt, une petite ville située dans la proximité de Paris, contrairement aux romans précédents, où la capitale française était éloignée, convoitée à distance. Celle-ci se donne purement pour le décor des activités quotidiennes d'Olga : elle y monte pour voir son amie, Li ; on la voit marcher le long d'un couloir du métro, etc. Paris perd ici son caractère magique et libérateur et devient un espace trivial. Ce n'est plus la ville méprisée des premiers romans makiniens, ni la ville mythique d'*Au temps du fleuve Amour* ou du *Testament français*, mais une ville « désenchantée », éprouvée sur un mode de désillusion.

Dans trois romans (*Le Testament français, Le crime d'Olga Arbélina* et *Confession d'un porte-drapeau déchu*), Paris est associée au cimetière et à une implacable agonie. Dans *Le Testament français*, le héros-narrateur débarque à Paris après la chute de l'Union soviétique et après la fermeture d'une radio dissidente diffusant en russe depuis Munich. Cette fermeture met tout à l'agonie : le but des émissions diffusées pendant vingt années est atteint et avec la radio, toute une époque disparaît. Le héros se rend à Paris en espérant y retrouver le sens des années passées, période qu'il traite comme un long voyage à destination inconnue. Mais sans pouvoir y trouver une quelconque solution, il sombre dans la stagnation. On a même l'impression que le héros végète dans sa chambre d'hôtel comme dans un trou, à l'ombre de la mort – une mort lente, résultant, dans sa dimension existentielle, non pas d'une maladie ou d'un accident, mais de la vieillesse et du sentiment d'un total échec. Quand il quitte sa chambre, il est heurté par une voiture qui ne le tue pas, bien qu'il cherche la mort. Finalement, il arrive au cimetière et se réfugie dans une niche où il passe plusieurs jours. De courtes épitaphes gravées sur les murs de « son » tombeau – la date et le lieu de naissance et de mort des personnes enterrées – incitent le narrateur à imaginer des histoires sur les personnages enterrés et à écrire ses *Notes biographiques* ; l'écriture constitue ainsi le premier acte du héros revenu à la vie dans cet entourage rempli par la mort (Sadkowski 309).

Toute cette expérience dégradante figure la mort symbolique de l'homme qu'il a été jusque là, la fin d'une vie insensée, éprouvée comme un voyage sans destination et sans sens. Il meurt pour pouvoir renaître comme quelqu'un d'autre, comme un écrivain qui ne se laisse pas accabler par les circonstances, mais crée lui-même sa vie et contrôle les conditions dans lesquelles il vit.

L'allusion au « domaine des morts » est non moins prégnante dans *Le crime d'Olga Arbélina*. Le récit commence dans un cimetière dans la banlieue de Paris, où un veilleur de nuit raconte les histoires des immigrés russes décédés à un jeune visiteur. Ce retour en arrière est nécessaire pour ressusciter le destin des personnages déjà morts. À ce premier niveau de narration, s'ajoute un second : le récit du jeune visiteur sur la vie d'Olga Arbélina, une princesse russe, émigrée en France. On a l'impression que dans ce roman Paris est représenté comme un grand cimetière : son passé glorieux et ses habitants extraordinaires sont morts. Par rapport à ce passé, le présent semble médiocre et sans intérêt ; pour combler ce vide, on invente des histoires de morts. Le cimetière apparaît dans ce contexte comme un endroit singulier, où la vie et la mort se rejoignent ; il évoque un « jardin où l'on découvre un autre regard sur la mort » (*COA*, 23). Dans cet espace ou le temps ne s'écoule pas, non seulement la vie et la mort semblent se rencontrer, mais aussi le « nous », les Russes, et le « ils », les Français, se rejoignent.

Dans tous ces cas de figure, Paris pénètre, d'une manière ou d'une autre, l'espace russe. Pourtant, dans les romans de Makine, on voit aussi de puissantes villes russes, surtout Leningrad et Moscou. Paris y est souvent vu d'une certaine distance : il est regardé, rêvé et décrit par un narrateur qui se trouve à l'Est (en Russie) et qui l'observe d'un point de vue « oriental ». Par contre, les grandes villes russes sont montrées d'habitude en contrepoint de l'espace occidental – qu'il s'agisse de leur ouverture ou fermeture envers ce dernier.

Surtout Leningrad jouit d'un statut particulier car c'est l'unique ville russe où l'on peut trouver des influences occidentales. Ce rôle de Leningrad est bien visible dans *Au temps du fleuve Amour*. C'est une ville située entre l'Europe et l'Asie, entre l'Ouest et l'Est. Dans le récit, elle constitue un lieu de passage obligatoire lors du voyage vers l'Ouest. Pour le narrateur, « Leningrad, cette ville brumeuse à l'autre bout du monde, devenait un grand pas en direction de Belmondo » (*TFA,* 237). Il ne s'agit pas tant de la position géographique de la ville, située plus à l'ouest que le point de départ du narrateur, mais des traits occidentaux que revêt Leningrad. Un jour, le protagoniste décide de quitter son village natal et d'aller étudier dans cette ville russe proche de l'Occident. Il met seize jours et parcourt douze mille kilomètres pour traverser l'Empire, franchir ses fleuves géants et l'Oural, la frontière de l'Europe :

> Enfin, ce fut Leningrad, l'unique ville véritablement occidentale de l'Empire... Je sortais sur la grande place de la gare, en écarquillant mes yeux lourds de sommeils. Les immeubles avaient une toute autre allure ici : serrés les uns contre les

autres, sveltes et orgueilleux, surchargés de corniches, de moulures, de pilastres, ils formaient de longues enfilades. Cette rectitude européenne, mais surtout l'odeur – un peu acide, fraîche, excitante – me fascinèrent. [...]
L'Occident s'esquissait à travers le brouillard planant sur la Néva.
Dans un éclair éblouissant mon regard perçut tout : et le charme nostalgique de l'enfance d'Olga qui marchait, autrefois, dans les rues élégantes de cette ville pour prendre avec ses parents le train Saint-Pétersbourg-Paris, et la noble âme de cette ancienne capitale qui ne s'habituerait jamais au sobriquet que ses nouveaux maîtres lui avaient attribué, et l'ombre de Raskolnikoff qui errait quelque part dans l'épaisseur des rues brumeuses (*TFA*, 241–242).

Leningrad apparaît ici comme l'unique ville en Union soviétique où l'Europe soit encore présente. Cela est visible à travers son architecture, perceptible par son odeur particulière. Mais en dehors de ces indices sensibles et tangibles, il y a surtout un imaginaire de la ville qui prend forme dans l'esprit du héros. Il est signifiant que l'auteur emploie ici les mots « brouillard » et « brumeuse » qui nous renvoient, une fois de plus, à la description de la « France-Atlantide » du *Testament français*. En effet, à partir de Leningrad, l'Europe est visible, comme à travers le brouillard ; la ville s'offre comme un point de départ pour le vieux continent : faut-il s'étonner que dans le fragment cité, il soit question du train qui partait de Saint-Pétersbourg à destination de Paris ?

Le caractère particulier de Leningrad se manifeste aussi dans la condensation du temps dans l'espace urbain.

Différentes époques menaçantes sont évoquées, depuis le début du XXe siècle jusqu'aux années 1960 et 1970, mais la ville dure, inchangeable, malgré l'écoulement du temps et les vicissitudes historiques ; même le changement du nom de Saint-Pétersbourg pour Leningrad, censé lui ôter son caractère impérial, n'a pas nui à l'allure européenne de la ville. La référence à Raskolnikoff, le héros de *Crime et châtiment* de Dostoïevski, renforce d'un côté les associations culturelles suscitées par la ville et, de l'autre, suggère qu'elle est un lieu d'expériences décisives, là où la vie des protagonistes pourra prendre une autre direction.

Leningrad est aussi traitée comme point de départ pour l'Occident aussi dans un autre roman makinien, *La femme qui attendait*. Dans un atelier de la banlieue léningradoise un groupe mi-clandestin de jeunes dissidents se rencontre régulièrement pour contester l'idéologie soviétique. Ils déclament des poèmes engagés, exposent leurs toiles et font l'amour pour s'opposer aux autorités du pays qui étouffent « l'éclosion de talents, l'expression de la liberté, l'amour sans entrave, les voyages à l'étranger » (*FA*, 29). Qui plus est, les membres du « Wigwam » (ils appellent ainsi leur atelier) se considèrent Occidentaux :

> [...] tous les éléments de l'Occident étaient en notre possession : ces poèmes irrespectueux, cette peinture abstraite novatrice, cette jouissance sans complexe, les auteurs occidentaux interdits et qu'on achetait au marché noir, les langues de l'Europe et d'ailleurs que nous parlions, la pensée occidentale que nous nous évertuions à connaître. En alchimistes pressés, nous mélangions toutes ces matières pendant nos nuits de beuverie et de déclamations (*FA*, 32).

Les jeunes du Wigwam rêvent de partir à l'Ouest ; il s'agit aussi bien des voyages proches que lointains : aux pays Baltes, considérés comme antichambre de l'Occident, en Israël et en Amérique. Certes, ces voyages sont impossibles, car le rideau de fer semble être installé pour toujours, comme une loi naturelle. Cependant, l'ami du narrateur, Arkady Gorine, arrive à obtenir, après six années d'attente, un visa pour partir en Israël. On voit donc encore une fois l'ouverture relative de Leningrad par rapport à la fermeture du pays. Il faut dire qu'une telle activité dissidente, propre aux grandes villes, est impensable en province. Dans ce sens, comme dans *Au temps du fleuve Amour*, Leningrad, représenté ici comme une enclave de liberté, joue le rôle d'une porte d'entrée en Occident.

Certes, sur le plan du réel, on est toujours dans un pays totalitaire, même si l'Occident y pénètre grâce aux agissements des jeunes révoltés. Le régime ne leur permet pas d'oublier son poids et force certains à payer cher les soirées dissidentes. On apprend ainsi que le poème, *Le Zoo Kremlin*, récité à Wigwam avait coûté cinq ans de camp à son auteur et que l'un des participants de ces soirées avait été emprisonné pour son orientation homosexuelle et battu à mort par ses voisins de cellule.

Ville de passage entre deux univers, Leningrad nous montre ainsi ses deux visages : celui majestueux, européen, culturel, d'un côté, et celui oppressif et cruel, de l'autre. Ce dernier trait la rend semblable à d'autres grandes villes russes décrites dans les romans makiniens avec un mélange de mépris et d'effroi. C'est le cas de Moscou, où se déroule l'action de *La fille d'un héros de l'Union soviétique*, ou celui de la ville sur la Volga (on peut soupçonner qu'il s'agit de Nijni Novgorod) où habite le héros-narrateur du *Testament français* :

Cette ville s'étendait sur les deux bords de la Volga et avec son million et demi d'habitants, ses usines d'armement, ses larges avenues aux grands immeubles de style stalinien, elle incarnait la puissance de l'Empire. Une gigantesque centrale hydroélectrique en aval, un métro en construction, un énorme port fluvial appuyaient aux yeux de tous l'image de notre compatriote – triomphant sur les forces de la nature, vivant au nom d'un avenir radieux, ne se souciant guère, dans son effort dynamique, des ridicules vestiges du passé. De plus, notre ville, à cause de ses usines, était interdite aux étrangers... Oui, c'était une ville où l'on sentait très bien le pouls de l'empire (*TF*, 63).

Tandis qu'à Leningrad, on perçoit, grâce à l'atmosphère européenne, une certaine ouverture au monde, un esprit libérateur et l'espoir de sortir du pays, la ville stalinienne sur la Volga est complètement fermée. L'attitude envers le temps est ici aussi changée. À Leningrad, le passé historique contribue à l'identité de la ville. Grâce à son histoire grandiose, la ville possède des traits majestueux. En revanche, la ville sur la Volga ne peut pas être admirée pour elle-même, parce qu'il n'y a rien à admirer : ni l'architecture, ni la culture ; le passé n'y compte pas non plus. La ville joue un rôle serviteur par rapport au développement industriel et militaire du pays. Ses habitants étant réduits à une masse amorphe, la ville n'existe que pour symboliser la force de l'État ainsi qu'un « ici-maintenant » propre à l'utopie communiste, tournée contre la nature et le passé.

Le sentiment de l'isolement propre à la ville stalinienne peut être aussi retrouvé dans *La fille d'un héros de l'Union soviétique* où est décrit Moscou du temps des Jeux Olympiques de 1980. Étant donné que les sportifs et les spectateurs du monde entier arrivent dans la capitale russe, les habitants sont expulsés en dehors de la ville, les enfants – dans des camps d'été, et l'accès à Moscou est interdit aux habitants du reste du pays. Le narrateur décrit l'aménagement de la ville avant la venue des étrangers sur un ton marqué de mépris : on y a chassé tous les « éléments antisociaux », on avait badigeonné à la hâte les coupoles de vieilles églises et on avait appris aux miliciens à sourire et à bafouiller quelques mots en anglais. Tout cela pour que les Occidentaux arrivant pour les Jeux Olympiques gardent une impression favorable de Moscou. De l'autre côté, on peut mesurer les attentes des habitants de la capitale, décrites par l'auteur sur un ton ironique :

> Tout le monde attendait de cet été, de ces Jeux, de cet afflux d'étrangers, quelque chose d'extraordinaire, une bouffée de vent frais, quelque bouleversement, presque une révolution. Le Moscou de Brejnev, telle une énorme banquise spongieuse au moment des crues printanières, aborda pendant quelques semaines cette vie occidentale bariolée, effritant contre elle son flanc gris, et pompeusement dériva plus loin. La révolution n'eut pas lieu (*FHUS,* 63–64).

On voit ici une double fermeture, bien que le pays s'ouvre apparemment pour accueillir les sportifs et leur public : d'un côté, il s'agit de cacher le vrai visage de l'Union soviétique devant l'Occident ; les autorités du pays s'en chargent. De l'autre côté – les habitants de Moscou espèrent que l'arrivée des sportifs et des touristes étrangers changera leur vie. Ils croient donc à une véritable ouverture envers l'Occident, situation impossible évidemment, car Moscou reste blindée à part des situations contrôlées. Cette attente montre à quel point le contact avec l'Occident, aussi fortuit soit-il, éveille chez les Russes l'espoir d'un changement dans leur vie et d'une transformation sensible de la réalité collective. Contrairement à Leningrad « occidentalisé », Moscou reste une ville « orientale », fermée à toute percée de l'Occident. Le narrateur d'*Au temps du fleuve Amour*, au cours de son périple à Leningrad, traverse Moscou, mais la ville ne l'impressionne pas : « J'avais découvert Moscou, écrasante, cyclopéenne, infinie. Mais en somme, une ville orientale, donc très proche de ma nature asiatique profonde » (*TFA,* 242).

La cruauté écrasante et l'indifférence envers l'individu qui caractérisent Moscou sont aussi visibles dans *Le Testament français*. Fiodor, le mari de Charlotte, part pour Moscou afin de se faire réintégrer au Parti communiste dont il avait été exclu. Le voyage est censé durer deux jours, mais l'homme ne rentre que quatre ans plus tard – après la guerre. Ainsi, Moscou apparaît comme une ville dangereuse d'où l'on ne revient pas. On retrouve ce motif de la disparition à Moscou dans les propos de la tante du héros sur le chef du NKVD, Lavrenti Béria. On apprend que ce dernier poursuivait, dans une voiture noire, les femmes dans les rues de Moscou. Il choisissait une femme belle et jeune, qui lui faisait envie ; ensuite, ses hommes arrêtaient la femme de son choix et l'emmenaient dans la résidence de Béria où elle était violée ou souffrait des tortures avant de disparaître à jamais.

C'est aussi à Moscou que Charlotte rencontre des « samovars » au lendemain de la Seconde Guerre. Devant un marché, à la sortie d'une place, elle voit ces jeunes soldats gravement mutilés se déplacer dans une sorte de caisses roulantes. Elle est témoin d'une bagarre entre ces culs-de-jatte se battant pour se venger de la cruauté et de l'absurdité de la vie qui enferme leur âme dans un corps invalide. La scène qui a lieu à Moscou montre le caractère cruel et impitoyable de la ville.

C'est à Moscou aussi que se noue l'intrigue de *La musique d'une vie*. Le héros, jeune musicien, Alexeï Berg, y vit avec ses parents et il se prépare avec joie à son premier concert. Mais la veille de celui-ci, ses parents seront arrêtés, et, lui-même, averti par un voisin, est obligé de fuir la ville. Dans ce roman, Moscou est décrite dans toute son ambiguïté de ville communiste au passé somptueux :

> Moscou, ce soir-là, était aérienne. Légère sous ses pas dans le lacis des ruelles qu'il connaissait par cœur. Légère est fluide dans ses pensées. S'arrêtant une minute sur le Pont de pierre, il regarda le Kremlin. Le ciel mouvant, gris-bleu, donnait à ce faisceau de coupoles et de créneaux un air instable, presque dansant. Et, à gauche, la vue basculait dans un immense vide qu'avait laissé la cathédrale du Christ-Sauveur dynamitée quelques années auparavant.
> Quelques années... Reprenant sa marche, Alexeï essaya de se rappeler la suite de ces années. La cathédrale avait été détruite en 1934. Il avait quatorze ans. Merveilleuse excitation de sentir le trottoir tressaillir après chaque explosion ! C'étaient les années de bonheur. 1934, 35, 36... Puis, soudain, tombe cette longue quarantaine, comme aux temps des épidémies. La ville s'alourdit autour de leur famille (*MV*, 34–35).

La légèreté par laquelle débute le panorama est un sentiment trompeur qui suggère forcément l'instabilité et la menace de disparition. Le vide qui reste après la destruction de la cathédrale renvoie aux purges staliniennes qui ont décimé la population et la ville se dresse au regard comme punie par l'Histoire et mise en quarantaine. Le *topos* d'enfermement et d'aliénation est très prégnant dans tous les cas illustrés : dans presque tous les romans, les personnages makiniens partagent le sort que la ville leur prépare. Dans les romans makiniens, les trois grandes villes mentionnées – Paris, Leningrad et Moscou – sont décrites selon leur situation envers l'Occident. Paris est l'Occident même ; elle est sublimée et convoitée ; cette idéalisation se transforme en désillusionnement au moment où la ville devient le lieu d'exil. Leningrad est l'unique ville de l'Empire de l'est dans laquelle on peut trouver des traces de l'Occident ; elle est représentée de manière polysémique et sur un mode plus avantageux que Moscou, « ville asiatique », associée à la violence, la force nue et à la cruauté.

Petites villes et villages

Il est significatif que dans les romans de Makine, les grandes villes soient rarement des lieux d'origine des protagonistes ; en général, les héros traversent ces grandes villes qui les fascinent, y séjournent pour un moment, mais ne s'y arrêtent pas pour longtemps. En principe, ils sont originaires de petites villes ou de villages. Dans leurs souvenirs d'enfance, ils reviennent à ces petites localités qui constituent leurs points d'ancrage et d'enracinement. Les maisons familiales des héros, ou celles auxquelles ils s'identifient (que ce soit en Russie ou en France), sont d'habitude situées dans une petite ville de province : à Svetlaïa, à Saranza, à Boïarsk ou à Neuilly-sur-Seine. Ces maisons constituent la partie intégrante des villes ou des villages natales. Mais à la vie de ces petites localités russes, un univers différent – français, occidental – se superpose toujours. L'influence occidentale s'attache déjà au début de la vie des héros à leur maison familiale (parfois il s'agit d'une maison d'adoption), à leur village d'origine, au tout premier endroit auquel ils s'identifient. Ces petites villes représentent ainsi le premier univers personnel, ordonné et harmonieux, des héros-narrateurs. Dans *Au temps du fleuve Amour*, le jeune Dmitri explique ainsi ce sentiment d'identification :

> L'enfant, pour construire son univers personnel, a besoin de peu de choses. Quelques repères naturels dont il perce facilement l'harmonie et qu'il dispose en un monde cohérent. C'est ainsi que, de lui-même, s'organisa le microcosme de nos jeunes années. Nous connaissions l'endroit dans un profond fourré de la taïga où un ruisseau naissait, sortant du miroir sombre d'une source souterraine. Ce ruisseau, Courant, ainsi que tout le monde l'appelait, contournait le village et se jetait dans la rivière, près de l'isba des bains abandonnée. Une rivière sinuant entre deux murs sombres de la taïga, large, profonde. Elle avait un nom propre, Oleï, entrait dans des jeux géographiques plus vastes marquants par son flux la direction nord-sud et rejoignait, loin du village, un immense fleuve : le fleuve Amour. Celui-ci était indiqué sur le globe poussiéreux qu'exhibait parfois notre vieux professeur de géographie. Et les habitations humaines se disposaient dans notre microcosme naïf toujours selon cette configuration à trois niveaux. Notre village, Svetlaïa, sur la rivière, un chef-lieu, Kajdaï, plus en aval, à dix kilomètres du village, et enfin, sur le grand fleuve, la seule vraie ville, Nerloug, avec son magasin où l'on pouvait

acheter même de la limonade en bouteilles [...] (*TFA*, 23–24).

Ce fragment souligne l'importance du petit village comme l'origine du monde. C'est à partir de leur village natal que les jeunes commencent à connaître le reste de l'univers. Svetlaïa a ces propres lois et habitudes. Tous les habitants partagent certaines expériences, telles que le blocage total des maisons par la neige qui couvre les demeures jusqu'au toit en hiver. Pour sortir des maisons, les gens creusent des tunnels dans la neige, rient et s'embrassent en se voyant remontés à la surface. De tels événements partagés renforcent le sentiment d'appartenance à la communauté et contribuent à créer l'atmosphère idyllique du village, du moins telle que l'éprouvent les enfants. Ce qui attire l'attention dans la description de Svetlaïa, c'est le temps cyclique. Toutes les séquences de la vie se répètent selon la saison : la lutte contre la neige en hiver, l'éveil du village et du fleuve au printemps, la vie de la taïga en été... Comme les expériences partagées, certains gestes rituels (les jeux, la pêche, le feu du camp) conjugués à la stabilité de l'espace familier mais restreint du village, donnent le sentiment de la sécurité aux jeunes héros du livre.

Mais Svetlaïa n'est qu'un point de départ. Dans *Au temps du fleuve d'Amour*, il y a plusieurs *lignes de fuite*[2] qui mènent les héros, d'abord imaginairement et ensuite réellement, de leur village vers d'autres destinations. Ce sont Kajdaï, situé à dix kilomètres du village où les

---

[2] Ce terme, tiré de Deleuze et Guattari, *Capitalisme*, désigne les possibilités de fuir un système qui fait perdre les repères identitaires collectifs. Nous considérons que les films avec Belmondo et le passage du Transsibérien constituent des lignes de fuite importantes, car elles incitent l'imagination des garçons qui rêvent ensuite des pays lointains.

garçons s'initient à la vie sexuelle, et Nerloug, l'unique ville dans les environs, située à trente-sept kilomètres de Svetlaïa. La route à Nerloug à travers la taïga symbolise l'ouverture sur un univers différent, car elle mène au cinéma de la ville où le film avec Belmondo, maintes fois revu, les projette « vers la promenade au bord de la mer, au milieu de la foule bronzée des extraterrestres occidentaux... » (*TFA*, 118). Svetlaïa, Kajdaï et Nerloug constituent ainsi un espace « magique » où les films français passent à l'*Octobre rouge*, le seul cinéma des environs, et où le Transsibérien passe vers l'Asie. Cependant, au cours du temps, les jeunes héros éprouvent la volonté de sortir de leur microterritoire et de voir une plus grande partie du monde. À mesure qu'ils grandissent et connaissent la vie autour d'eux, ils entreprennent des voyages plus longs qui les éloignent de plus en plus de Svetlaïa. Finalement, ils la quittent définitivement, pour Leningrad d'abord et ensuite pour la France, les États-Unis, et Cuba.

Dans *Le Testament français*, c'est au village de Saranza que Charlotte Lemonnier accueille ses petits-enfants pour les vacances et leur raconte ses récits qui ont la France pour cadre. Dans l'atmosphère somnolente du village, elle peut faire revivre à tout moment son passé : « À Moscou ou à Leningrad tout se serait passé autrement. La bigarrure humaine de la grande ville eût effacé la différence de Charlotte. Mais elle s'est retrouvée dans cette petite Saranza, idéale pour vivre des journées semblables les unes aux autres. Sa vie passée demeurait intensément présente, comme vécue d'hier » (*TF*, 37–38). Parler de ses origines françaises semble être la préoccupation principale de cette vieille femme, coupée de sa patrie depuis des décennies, et sa résolution de rester à Saranza, au milieu de la steppe, ne cesse d'étonner sa famille :

Il m'eût été si facile d'expliquer son choix aux adultes réunis dans notre cuisine. J'aurais évoqué l'air sec de la grande steppe qui distillait le passé dans sa transparence muette. J'aurais parlé de ces rues poussiéreuses qui ne menaient nulle part en débouchant, toutes, sur la même plaine infinie. De cette ville d'où l'histoire, en décapitant les églises et en arrachant les « surabondances architecturales », avait chassé toute notion de temps. La ville où vivre signifiait revivre sans cesse son passé tout en accomplissant machinalement les gestes quotidiens (*TF*, 127).

Comme à Svetlaïa, le temps coule d'une façon particulière à Saranza : il ne passe pas et semble immobile. Tout y est figé, comme si le village n'avait pas sa propre histoire ni sa propre vie. Mais il semble aussi que ce « hors-lieu » soit un cadre indispensable aux récits de Charlotte et qu'il soit là à la fois pour redonner vie au passé et pour faire écran aux dictats du présent.

Il est significatif que la maison de Charlotte soit située sur une frontière, en bordure de la ville, dans un lieu-dit communal, appelé « La Clairière d'Ouest ». Par une curieuse coïncidence, cette maison renvoie aux origines de Charlotte et l'association, « Ouest-Europe-France », est celle qui vient à l'esprit des enfants. L'emplacement de la maison « à la limite » suggère d'emblée une situation chronotopique de l'entre-deux, celle qui marque l'identité de la femme. Pourtant, la maison familiale reste bel et bien russe, se trouvant dans un endroit typiquement russe : dans un immeuble, devant lequel il y a un banc avec des babouchkas, « institution sans laquelle la cour russe n'est pas pensable » (*TF*, 43).

La présence française à Saranza ne se manifeste pas seulement à travers le personnage de Charlotte et ses récits. Un jour, dans une petite clairière au nom significatif de Stalinka, Charlotte découvre une vigne qui pousse contre toute attente. Cette plante « occidentale » constitue une autre trace de l'implantation de l'espace français sur le sol russe dont le livre donne de nombreux exemples.

Charlotte passe une partie de son enfance et de sa jeunesse dans une autre petite ville importante, Boïarsk en Sibérie. Sa vie à Boïarsk est interrompue par deux ou trois séjours à Paris, mais elle retourne toujours avec sa mère Albertine en Sibérie. Jeune fille, Charlotte vit dans des conditions de plus en plus misérables. Les années passées dans la petite ville sibérienne constituent les pires périodes de sa vie, marquées par la pauvreté, la maladie de sa mère et les leçons de français données en échange des rations de nourriture. Ensuite, coupées définitivement de la France par l'instauration du communisme et le rideau de fer, les deux femmes mènent une vie plus que précaire jusqu'à la mort d'Albertine et le départ de Charlotte, déjà mariée, de Boïarsk.

Il semble qu'à Boïarsk se concentre toute la force fatale qui retient Albertine et Charlotte en Sibérie. Mais la petite ville évoque aussi un lieu d'enracinement, car Albertine y revient comme chez elle après chaque départ pour Paris, ayant « fait le plein » de sa francité : « À chaque retour en Russie, la Sibérie lui paraissait de plus en plus fatale – inévitable, se confondant avec son destin. Ce n'était plus seulement la tombe de Norbert qui l'attachait à cette terre de glace, mais aussi ce ténébreux vécu russe dont elle sentait la poison enivrant s'instiller dans ses veines » (*TF*, 71).

Un autre village situé dans la Russie profonde apparaît dans *La femme qui attendait*. Il s'agit du village de Mirnoïé situé dans la région d'Arkhangelsk, dans le

« coin perdu du Nord russe » (*FA*, 55), près de la Mer Blanche, où le narrateur, jeune intellectuel léningradois, se rend pour écrire une série d'articles sur les us et coutumes locaux. Il se rend compte rapidement de ce que les traditions se perdent dans le village tandis qu'elles ont été depuis longtemps répertoriées dans les ouvrages académiques. À Mirnoïé, les traditions ont été remplacées par ce qu'on pourrait appeler « la mythologie de la guerre ». Le village n'a rien de l'atmosphère idyllique qui marque, par exemple, Svetlaïa dans *Au temps du fleuve Amour*, à ceci près que les deux villages ont beaucoup souffert pendant la Seconde Guerre mondiale. Mirnoïé est habité presque uniquement par des femmes âgées dont les maris et les fils sont morts au combat. Le narrateur comprend bien que ces femmes sont « des expatriées, [...] chassées de chez elles par la solitude, les maladies, l'indifférence des proches » (*FA*, 52). Aux questions qu'il leur pose sur les coutumes locales elles répondent par les récits de leurs malheurs et ceux de la guerre. La guerre est devenue une césure importante dans l'histoire du village, mais constitue aussi une légende où il y a des « bons » et des « méchants », où les maris et les fils perdus jouent les rôles des héros divins face aux soldats allemands. Selon Marie-Louise Scheidhauer, le village de Mirnoïé est devenu un mythe, « un lieu qui envoûte le narrateur », mais aussi « une image de la terre-mère, une survivance, comme le sont d'autres lieux reculés de l'œuvre de Makine » (Scheidhauer, *Une plume* 131).

En effet, la guerre et le communisme ont mis fin à l'histoire du village. Mirnoïé ressemble à Saranza du *Testament français*, il est marqué par un vide, car le temps en est « tout simplement absent » (*FA*, 55). On n'y retrouve plus de traces de l'avant-guerre, et tout s'y passe sous le signe de l'attente. Pour le narrateur, Véra est le personnage le plus important du village ; c'est une femme qui attend son fiancé parti à la guerre trente ans auparavant. L'attente des vieilles femmes, et surtout celle de Véra, figure un manque d'existence après que la guerre eut emporté la plus grande partie de la population. Dans un tel lieu, où rien ne se passe, où les vieilles femmes meurent l'une après l'autre, Véra, tout comme Charlotte du *Testament français*, ne peut que ressasser son passé, ou plutôt garder par la mémoire le fil qui l'y unit.

Si les villages russes chez Makine sont toujours marqués par la guerre et l'idéologie communiste, on y observe par contre un attachement profond des habitants à leur territoire d'origine. Ils affrontent sereinement la dure réalité de la guerre ou de l'après-guerre en puisant la force dans ce sentiment. Dans les descriptions des villages, la nature joue toujours un rôle important ; elle assure l'union presque cosmique des habitants avec leur terre natale. C'est pourquoi, les héros s'y sentent plus proches d'eux-mêmes, de leur vie. À cet égard, on peut dire que le village ou la petite ville russe figurent un lieu de sécurité où, malgré le poids de l'Histoire, on peut vivre sa vie de façon simple et honnête, tandis que la grande ville est toujours un lieu de bouleversements d'ordre politique, idéologique ou personnel.

Oikos : la maison familiale

À l'intérieur de l'espace-temps de la petite ville ou du village, dans lequel le héros naît, grandit, et auquel il appartient, on peut discerner un chronotope plus restreint, celui de la maison familiale, auquel peuvent être associés, par exemple, les isbas des habitants de Svetlaïa, l'appartement de Charlotte à Saranza, la maison dégradée à Boïarsk ou encore la maison où loge Alexandra, l'héroïne de *La terre et le ciel de Jacques Dorme*. L'enceinte de cette maison jouit d'un statut particulier. Bien que son espace soit limité, c'est là que la vie se concentre. Son importance consiste, avant tout, à abriter les habitants contre les forces hostiles de la nature. Face aux rigueurs de l'hiver, l'isba donne le sentiment de sécurité. On peut même parler à ce propos du chronotope de l'isba russe. Tel est le cas de l'isba située en pleine Sibérie, où Charlotte et Albertine résistent aux intempéries du climat :

> Cette isba, loin des beaux quartiers de Boïarsk, lui plaisait. On voyait moins leur misère dans ces étroites rues courbes noyées sous la neige. Et puis, il était si bon, en rentrant de l'école, de monter sur le vieux perron en bois qui crissait sous les pas, de traverser une entrée obscure dont les murs en gros rondins étaient recouverts d'un épais pelage de givre, et de pousser la lourde porte qui cédait avec un bref gémissement très vivant. Et là, dans la pièce, on pouvait rester un instant sans allumer la lampe, en regardant la petite fenêtre basse s'imprégner du crépuscule violet, en écoutant les rafales neigeuses tinter contre la vitre. Adossée au large flanc chaud du grand poêle, Charlotte sentait la chaleur pénétrer lentement sous son manteau. Elle appliquait ses mains transies sur la pierre tiède – le poêle lui paraissait être l'énorme cœur de cette vieille isba. Et sous la semelle de ses bottes de feutre fondaient les derniers glaçons (*TF*, 72–73).

On retrouve une autre isba dans la cour de l'immeuble dans lequel Charlotte habite à Saranza. C'est une grande maison en bois de deux étages, noire, vieille de deux siècles, recouverte de feuillage de tilleuls et de peupliers. La maison est habitée par plusieurs personnes, entre autres « les babouchkas les plus folkloriques, directement sorties des contes – avec leurs châles épais, leurs visages mortellement blêmes, leurs mains osseuses, presque bleues, gisant sur les genoux » (*TF,* 40). Il y a aussi Gavrilytch, l'« ivrogne local » (*TF,* 35). Tous ces êtres s'entassent dans la maison où règne « […] l'odeur âpre, lourde, mais pas tout à fait désagréable qui stagnait dans les couloirs encombrés. C'était celle de la vie ancienne, ténébreuse et très primitive dans sa façon d'accueillir la mort, la naissance, l'amour, la douleur. Une sorte de climat pesant, mais plein d'une étrange vitalité, en tout cas le seul qui puisse convenir aux habitants de cette énorme isba. Le souffle russe… » (*TF,* 40).

Comme l'isba sibérienne, mais dans des conditions différentes, la vieille maison de Saranza protège la vie de ses habitants. Elle préserve aussi le « souffle russe », ce qui désigne sans doute une manière particulière de vivre des expériences cruciales dans la vie de l'homme. En même temps, on y éprouve une grande intensité de la vie. L'isba de Saranza est peuplée elle aussi de babouchkas, de vieilles sorties tout droit de la campagne russe. Devant l'isba de Saranza, on retrouve même un « banc de babouchkas, institution sans laquelle la cour russe n'est pas pensable » (*TF,* 33).

Cette « cour russe » constitue un autre chronotope présent dans d'autres romans makiniens. Dans un sens, il peut être considérée comme le prolongement du chronotope de l'isba car il joue une fonction semblable : la vie se concentre dans la cour, comme elle se concentre dans l'isba. L'action de *Confession d'un porte-drapeau déchu* se passe dans une cour située parmi trois immeubles dans la bourgade de Sestrovsk près de Leningrad. Cette cour, à la forme d'un triangle, encadre l'univers des enfants qu'ils connaissent jusqu'à la dernière motte de terre. Au milieu, est installée la table des joueurs de domino et près de l'entrée de chaque immeuble, un banc avec « une rangée de babouchkas, attentives au moindre événement qui survenait dans la cour » (*CPD, 20*). La cour acquiert ici une valeur anthropomorphe : elle unit les habitants de l'immeuble parce qu'elle est témoin de la plupart des événements qui surviennent dans la communauté. Elle est pleine de voix et d'odeurs domestiques qui pénètrent par les fenêtres ouvertes, ce qui renforce l'atmosphère bucolique de l'endroit. Deux sommets de la cour triangulaire sont encombrés de remises en planches et le troisième, appelé « le Passage », donne accès non pas à la ville mais à un terrain désert. Un tel emplacement de l'unique sortie de la cour renforce son caractère de gardien d'indépendance, à l'instar d'un château fort protégeant ses habitants.

L'espace de la cour est aussi occupé par une grande mare aux bords recouverts de plantes, appelée « la Crevasse ». Un jour, on décide de faire exploser la bombe qui y reste depuis la guerre et l'explosion casse les vitres dans les fenêtres des trois immeubles avoisinants. Presque en même temps, l'été finit et de violentes averses commencent. Au milieu des pluies et du froid, les gens restent alors dans des appartements sans fenêtres. Dans ces conditions difficiles, les habitants des trois immeubles se rendent visite pour s'aider mutuellement :

> On se mobilisa, s'entraida, se rapprocha au point de ne plus former qu'une grande famille, une tribu unie, énergique, animée d'une joyeuse volonté de survivre.
>
> Nos trois maisons se transformèrent en une caverne où régna pendant ces quelques longues journées et soirées la jouissance un peu sauvage de la vie en commun. La joie du feu dans un grand

poêle en fonte autour duquel nous nous rassemblions. Le plaisir d'entendre le vent s'acharner sur les minces carrés de contreplaqué qui bouchaient les fenêtres brisées. Le bonheur pour nous, les enfants, de se sentir protégés par les adultes devenus tout d'un coup pleins de sollicitude et de tendresse, comme si c'était le jour de notre anniversaire à tous (*CPD*, 89).

Au temps de crise, la cour se caractérise aussi par la grande tendresse des parents envers les enfants. Dans *Confession d'un porte-drapeau déchu*, ce sentiment trouve une expression spécifique, car les parents s'efforcent tant bien que mal de tenir leurs enfants à distance de la politique et de l'idéologie. Ils veulent avant tout que ceux-ci aient une enfance heureuse et libre de malheurs, ce qui n'est pas simple dans un pays dont la moitié du territoire est « passementée des dentelles noires des barbelés » et « clouée au sol par les miradors » (*CPD*, 11). Les adultes gardent dans la mémoire le désastre de la Seconde Guerre mondiale qui vient de finir ; c'est surtout le Blocus de Leningrad qui apparaît dans les souvenirs des mères des héros. Mais les parents veulent épargner aux garçons ces images funestes et c'est seulement lorsque les fils deviennent adultes qu'ils leur parlent de l'horreur de la guerre. Au fur et à mesure que les garçons grandissent et s'aperçoivent des mensonges de la propagande communiste, ils deviennent conscients de ce poids de vérité dont les parents les avaient protégés.

La cour protectrice où les héros passent une grande partie de leur enfance correspond à la figure d'*oikos*, terme d'origine grecque qui désigne la maison familiale. Ce concept-image est employé pour parler de la maison en tant que lieu d'origine et d'enracinement. La pensée de l'*oikos*, qui implique un « lieu habité », la demeure ou la maison concentrique, se situe « aux antipodes d'une réflexion sur l'hybridité et le métissage. C'est précisément la permanence et la sédentarité du lieu qui font la fortune de l'*oikos*. N'oublions pas que l'*oikos* met en relief l'hospitalité associée à la formation de l'espace domestique » (Harel 114). Les enjeux psychiques liés à l'*oikos* auraient un impact considérable sur la formation du sentiment d'identité (116).

Dans *Confession d'un porte-drapeau déchu*, la cour joue le rôle d'*oikos* ; elle représente un foyer situé au centre de la grande maison qui abrite tous les habitants des immeubles. C'est dans la cour que les garçons jouent en grandissant, écoutent les histoires des adultes et commencent à comprendre la vie autour d'eux. Au moment de construire son récit, le narrateur est en exil à Paris ; quand il parle de l'impossibilité de son intégration à la société française, on comprend à quel point il s'identifie à la cour de Sestrovsk de son enfance.

L'idée d'*oikos*, opposée à toute forme de déracinement, définit bien la situation dans *Confession d'un porte-drapeau déchu*. Cependant, dans d'autres romans de Makine, la maison familiale renvoie, au contraire, à l'hybridité. Déjà dans l'appartement de Charlotte dans *Le Testament français*, les éléments russes (le samovar, les repas simples limités au pain noir et au thé clair) se mêlent aux éléments français (les récits familiaux, les photos, les livres) et contribuent ainsi à la construction de l'identité métissée du héros. L'inscription de l'hybridité dans l'espace du foyer familial est encore mieux visible dans *La terre et le ciel de Jacques Dorme*. Dans ce roman, la double appartenance du narrateur prend son sens dans la maison d'Alexandra, une amie de ses parents qui lui tient compagnie. Vivant dans un orphelinat, le héros-narrateur trouve un *ersatz* de vie familiale chez Alexandra. C'est le seul foyer qu'il connaisse, étant donné qu'il ne se rappelle pas sa famille : enfant, il a connu très peu ses parents qui auront été tués par le régime communiste. Il se rend chez Alexandra chaque samedi soir pour y passer sa journée de congé. Pour lui, la présence de la femme qui l'attend, l'atmosphère de permanence que dégage son appartement et le train de vie quotidien d'une famille simple lui procurent l'impression d'être chez lui.

> Je montais l'escalier, humant avec plaisir des odeurs que seule la vie de famille peut produire, un mélange de cuisine et de lessive, je croisais les habitants, content de me sentir leur égal, car libéré de mon existence embrigadée, j'entrais chez Alexandra (le goût du bon thé était perceptible déjà dans l'obscurité glacée de l'escalier) et j'avais l'impression de rentrer définitivement, de revenir dans une maison qui m'attendait et que je n'aurais pas à quitter le lendemain. J'étais enfin chez moi.
> Depuis, dans ma vie d'adulte, je n'ai jamais pu retrouver la même sensation de permanence...
> (*TCJD*, 48).

Simultanément, la maison familiale d'Alexandra figure l'ouverture sur le monde, en particulier sur la langue française qui connote un second espace d'appartenance :

> Durant ces visites, j'avais certainement reçu une éducation française. Mais une éducation sans système, sans préméditation. Un livre laissé ouvert sur le coin d'une table, un mot russe dont Alexandra me révélait le passé français... Le sentiment d'être enfin chez moi se mêlait imperceptiblement à cette langue étrangère que j'apprenais. L'alliage devenait si intense que, bien

des années plus tard, le français évoquerait toujours pour moi un lieu et un temps semblables à l'atmosphère d'une maison d'enfance que je n'avais jamais connue (*TCJD*, 48-49).

En effet, la maison d'Alexandra constitue un espace hybride qui accueille et intègre des éléments étrangers. Il s'agit, d'abord, des habitants de cette maison qui ont des origines variées (allemande, tartare, coréenne). Aussi, la bibliothèque de Samoïlov, cachée dans les décombres de l'immeuble, suggère-t-elle une rencontre entre le russe et le français. Le héros intériorise cette hétérogénéité qu'incarne sa nouvelle maison.

Une rencontre similaire entre soi et l'*autre*, entre l'espace familier et l'espace étranger, produit le sentiment de l'appartenance du héros éprouvé dans les maisons familiales dans *Au temps du fleuve Amour, Requiem pour l'Est* et, comme nous l'avons déjà mentionné, dans *Le Testament français*. Dans ce sens, chez Makine la maison familiale ne figure jamais un lieu clos et étanche, mais dessine un parcours (enracinement – ouverture) ou un espace identitaire mixte où la double identité culturelle du héros prend ses origines.

Voyages, trains et gares

Nous avons dit que la situation d'énonciation des romans makiniens est celle d'un migrant et que ses héros sont en perpétuel déplacement ; le héros de Makine peut même être désigné comme *homo viator*. Si les héros makiniens effectuent des voyages à destinations différentes, il s'agit, avant tout, de l'expérience de l'émigration. L'univers fictionnel de Makine est peuplé de héros migrants qui partent en voyage pour se retrouver hors de leur pays natal. Toutefois, demeurant toujours proches de leur culture d'origine, ils essaient de s'adapter à un nouveau milieu. Cette problématique d'exil place l'écriture makinienne dans le courant de la littérature migrante qui montre des héros situés entre des réalités culturelles différentes, surtout au niveau de la langue, de l'histoire et de la tradition.

S'il est vrai, comme nous avons essayé de le démontrer dans les chapitres précédents, que chez Makine la question de la dualité identitaire, reste marquée fondamentalement par les tensions entre deux langues, deux mémoires culturelles, deux espaces géographiques et historiques, il faut constater que la question de l'exil s'articule chez lui plutôt sur un mode individuel que social ou collectif. Certes, dans ses romans, l'écrivain parle des groupes de migrants, surtout de ses amis d'enfance qui ont immigré à l'étranger, mais il se représente toujours soi-même comme un voyageur solitaire, comme un individu exilé.

Le comportement du héros-narrateur makinien en exil est double : d'un côté, il semble représenter la culture de son groupe d'appartenance (la culture russe) et de l'autre, il se fond dans celle de l'*autre* (la culture française). Cette double volonté se manifeste chez plusieurs écrivains migrants au niveau de la représentation de l'espace. Un des enjeux de l'écriture migrante consiste à inciter l'écrivain à reconsidérer ou réévaluer son rapport au lieu-fondement. Dépourvu de ce lieu-fondement laissé derrière lui, l'immigré tend à le recréer à partir du pays d'accueil. Dans *Le Testament français,* cette recréation passe par la représentation des espaces russes que le narrateur veut rapprocher au lecteur français. En même temps, il s'approprie aussi l'espace français. L'un et l'autre sont, toutefois, des lieux-fondements imaginaires, recréés par la mémoire et l'imagination du héros-narrateur.

Malgré l'exil, l'éloignement de sa terre natale par la langue et la culture, ce héros-narrateur revendique une « reterritorialisation »[3] dans un lieu nouveau qu'il reconstruit à partir de la mémoire des origines. On peut dire que la situation d'immigration représente chez lui une expérience double, de « déterritorialisation » et de « reterritorialisation » (voir Albert 113). Les tentatives de reterritorialisation sont entreprises par plusieurs héros-narrateurs makiniens et, surtout, par les femmes protagonistes de ses romans, telles que Charlotte Lemonnier du *Testament français*, Alexandra et Sacha du *Requiem pour l'Est* et *La terre et le ciel de Jacques Dorme* ou Olga Arbélina du *Crime d'Olga Arbélina*. Mais il ne s'agit pas seulement des protagonistes qui partent à l'étranger. À l'intérieur de la Russie même, les héros makiniens vivent souvent une sorte d'exil, volontaire ou non : songeons ici à Alexeï Berg de *La musique d'une vie* ou à Vera, l'héroïne de *La femme qui attendait*. Ces héros aussi essaient de s'adapter aux conditions de vie imposées, ce qui ne s'effectue jamais sans peine.

Cependant, il apparaît chez Makine un autre type de voyage, au caractère beaucoup plus serein. Il s'agit du voyage à l'improviste, qui débute au moment où les héros se trouvent dans un train qui démarre contre toute attente – motif qui est bien présent dans *Le Testament français* et

---

[3] Les concepts de « déterritorialisation » et de « reterritorialisation », issus des travaux philosophiques de Deleuze et Guattari (*Capitalisme* et *Kafka*), réfèrent à l'appartenance identitaire de l'individu et de sa collectivité telle qu'elle se manifeste à travers le langage. Ils désignent respectivement un sentiment de perte (ou de dépossession), ou, au contraire, un processus compensatoire par lequel le sentiment identitaire retrouve un sens. Dans les études sur les littératures francophones, ce sens premier est employé de façon élargie qui ajoute au rapport linguistique (écrire dans une langue autre que la langue d'origine) celui à la mémoire et à l'espace-temps.

dans *Au temps du fleuve Amour*. Il faudrait aussi parler du voyage qu'on pourrait appeler imaginaire ; par exemple, les enfants du *Testament français*, imaginairement transportés vers la France sous l'influence des récits de Charlotte, font « la navette entre le présent et le passé, entre Paris et Saranza » (Welch, *La séduction* 18).

Le voyage chez Makine se passe le plus souvent en train. Dans cette optique, le train et les gares acquièrent une valeur chronotopique importante. Le train incarne soit un rêve d'évasion, un transfert chimérique mais puissant, soit le franchissement d'une frontière. Parfois, le train figure toute une vie et une suite d'épreuves initiatiques, avec l'accent mis sur l'expérience de l'exil. Les trains représentent aussi des liaisons entre des éléments hétérogènes : le passé et l'avenir, la France et la Sibérie (séparées par le rideau de fer), les illusions juvéniles et le désabusement adulte.

Pour plusieurs protagonistes des récits makiniens, le Transsibérien traversant la Russie de l'Ouest à l'Est est une figure importante qui évoque les rêves de l'Occident. Dans *Au temps du fleuve Amour,* Dmitri, Samouraï et Outkine observent régulièrement le passage de ce train par la gare de Kajdaï. Le Transsibérien venant de l'ouest convoité et inaccessible ou passant dans cette direction est « un fantôme, un rêve, un extraterrestre » (*TFA,* 57) ; d'autre part, il constitue une preuve palpable du fait qu'on peut malgré tout traverser la Russie et aboutir à l'Occident. Derrière les vitres du train, les héros imaginent souvent la vie des voyageurs occidentaux. Ils rêvent des femmes qu'ils découvrent voyager seules dans leurs compartiments. Ainsi, dans le Transsibérien s'imbriquent le rêve de l'Occident et la découverte de l'érotisme.

Dans *Confession d'un porte-drapeau déchu*, le Transsibérien enflamme l'imagination des héros :

Les trains passaient à toute vitesse et nous arrivions rarement à déchiffrer leur destination. Mais parfois, lorsque dans le crépuscule chaud s'allumait au loin un œil rouge, le train s'immobilisait. Nous examinions les wagons avec avidité. Derrière les vitres une vie tout à fait étrangère à notre présence se déroulait dans l'intimité calfeutrée des compartiments. Quelqu'un faisait son lit, un autre ouvrait une bouteille d'eau minérale. On buvait du thé, on lisait, on marchait à travers le couloir, une serviette jetée autour du cou. Toutes ces personnes qui semblaient ne pas avoir la moindre idée de l'existence de notre cour nous intriguaient (*CPD*, 66).

Au moment du passage du train-fantôme, une petite tranche de vie occidentale fait irruption en pleine Russie. Ainsi, les deux espaces-temps, russe et occidental, se rapprochent. Certes, ces tranches de vie occidentale restent cachées derrière les vitres du train et la rencontre de l'Ouest et de l'Est n'a pas vraiment lieu ; en revanche, le Transsibérien figure bien ici une ligne de fuite, car sa valeur chronotopique fondamentale permet justement de concrétiser et de rendre possible le *passage* (imaginaire) à l'Occident.

En dehors du Transsibérien, qui relie la Russie « profonde » à l'Occident, on retrouve chez Makine des trains allant vers l'Est, vers l'Extrême-Orient. Les héros de *Au temps du fleuve Amour* son emportés, par accident, dans un long voyage en train jusqu'à la côte Pacifique. Arrivés au bord de l'océan, ils voient des navires venus de l'Europe, ils rencontrent des gens du monde entier, y compris des « barbes blondes des Scandinaves », des « étrangers avec leurs vêtements élégants et légers » ; ils entendent aussi des « bribes de répliques en langues étrangères » (*TFA,* 178). À partir de là, ils peuvent voir, entendre et sentir la diversité humaine, et parmi la foule traversant les rues du port, discerner les traces de leur Occident rêvé. Dès lors, le sens du voyage vers l'Orient leur paraît clair : s'il leur est impossible d'aller directement à l'Occident, ils peuvent « tromper » l'espace en allant jusqu'aux limites extrêmes de l'Est russe. C'est ainsi que, « feignant de fuir l'Occident inaccessible, nous nous retrouvâmes dans son dos » (*TFA,* 177).

La fonction chronotopique de ces deux trains, le Transsibérien et celui allant jusqu'à la côte pacifique, consiste à « braconner » au-delà des frontières géographiques et idéologiques, à unir les univers séparés par le rideau de fer. Le trajet ferroviaire est un tracé qui mène de l'Occident russe jusqu'à l'Orient russe, mais l'Orient, dans ce fragment du récit, figure bel et bien l'antichambre de l'Occident, au sens de l'univers culturel occidental. Ainsi, à travers les trains, s'opère une ouverture improbable : la liaison entre l'univers réel et l'univers désiré, entre l'espace-temps quotidien des héros et l'espace-temps de leurs rêves.

Le passage des trains vers l'Est et vers l'Ouest est significatif aussi dans *La terre et le ciel de Jacques Dorme,* roman qui retrace histoire de l'amour entre Alexandra et Jacques, deux Français qui se rencontrent en Russie pendant la Seconde Guerre mondiale. Dans une petite gare à une trentaine de kilomètres de Stalingrad, la femme sauve le pilote, Jacques Dorme, de la mort sous un train. Dans cette gare, significativement, la vie et la mort se confondent. « Des convois vers l'ouest : des soldats, des obus, des armes. Des convois vers l'est : de la chair mutilée, digérée par les combats » (*TCJD,* 109). Dans les trains passant vers l'Ouest, on entend les chants des soldats, le son des bandonéons et l'on voit des visages souriants ; les wagons qui vont dans la direction opposée sont, par contre, silencieux, figurant des « trains-fantômes » propulsés par le chaos de la guerre. À ce niveau imaginaire, le mouvement des trains vers l'Est et l'Ouest relie l'espace-temps privé à l'espace-temps collectif, celui de la guerre, en traduisant par là même la situation de l'Europe et de la Russie entrées dans le conflit mondial.

En dehors de la fonction de liaison et de franchissement des frontières, le train symbolise la continuité de la vie et des expériences des personnages. Dans *Le Testament français* il y a deux trains importants : une petite locomotive faisant la navette près de la maison de Charlotte à Saranza et un long train de marchandises dans lequel montent par hasard la grand-mère et son petit-fils. Le premier train, appelé *Koukouchka* par le narrateur, traverse régulièrement le petit bois à Saranza où Aliocha et sa grand-mère font leurs promenades. Dans ce petit train se cristallisent, peut-on dire, toutes les illusions et les désillusions de l'enfance. Enfant, Aliocha croyait que le train allait vers des pays inconnus, vers une destination mythique, tandis que le train ne parcourait que deux ou trois kilomètres, de la briqueterie de Saranza à la gare où on le déchargeait. Le statut chronotopique et figuratif du train ressemble ici à celui du village : Saranza semble abriter tous les mystères du monde, car c'est dans le village de la grand-mère que l'enfant découvre la France-Atlantide. Pourtant, ce n'est qu'une petite ville déserte où le temps ne coule plus.

Le deuxième train du *Testament français* est un long train de marchandises dans lequel Charlotte et Aliocha sont emportés malgré eux vers une destination inconnue. Il figure un « train-destin », un « train-prophétie ». Pendant ce bref moment d'aventure ferroviaire, Aliocha voit le train comme une métaphore de sa vie : des événements qui se succèdent s'enchaînent les uns aux autres comme des wagons, et son passé se joint à son présent et à son avenir. Le motif du train qui emporte les héros par hasard est bien présent dans *Au temps du fleuve Amour* et dans *Le Testament français*. Dans les deux cas, le voyage en train, au départ d'un point inconnu vers une destination incertaine, anticipe l'image de l'immigration future du narrateur, de son errance et de ses tentatives ultérieures de renouer avec le pays de son enfance.

Les gares, liées aux voyages en train, constituent un autre lieu chronotopique important dans les romans de Makine. Nous pensons ici surtout aux gares dans *Au temps du fleuve Amour* et dans *La musique d'une vie*. Leur signification découle non seulement du fait qu'elles sont des points de passage des trains, mais aussi qu'elles désignent les rencontres décisives qui y ont lieu.

Chez Makine, les gares peuvent être considérées comme des espaces-temps initiatiques. Il s'agit moins de l'initiation au voyage, car les héros makiniens rarement entreprennent des voyages en train planifiés à l'avance, mais plutôt des épreuves initiatiques, qui laissent entrevoir des « portes » ouvertes à un univers différent, fabuleux et convoité. Ainsi, dans la gare de Kajdaï, les héros d'*Au temps du fleuve Amour* guettent, dans le Transsibérien, les traces de la vie occidentale, surtout de la vie intime des voyageurs. Le train est aussi associé dans ce roman à l'initiation sexuelle, car c'est à la gare de Kajdaï que les héros rencontrent la prostituée rousse qui leur vendra ses charmes. Dans le chronotope de la gare, la cristallisation des expériences lointaines dans un espace-temps concret (la gare) a toujours un fort impact sur le héros-narrateur. La gare apparaît donc d'une part comme le lieu de passage à l'Occident, et d'autre part, comme le « seuil » où commencent la vie sexuelle et l'amour.

Dans *La Musique d'une vie,* pendant son voyage de l'Extrême-Orient à Moscou le héros-narrateur est arrêté par une tempête de neige dans une gare située au milieu de l'Oural. Une foule de gens rassemblés dans l'espace clos de cette gare attend un train qui a six heures de retard. Ce « magma humain », « conglomérat de corps », « rangs de voyageurs endormis comme un champ de bataille couvert de morts » (*MV,* 13) suscitent chez le narrateur un mélange de compassion et de solidarité. Assiégée par la tempête, la gare « n'est rien d'autre que le résumé de l'histoire du pays. De sa nature profonde. Ces espaces qui rendent absurde toute tentative d'agir. La surabondance de l'espace qui engloutit le temps, qui égalise tous les délais, toutes les durées, tous les projets. Demain signifie „un jour, peut-être", le jour où l'espace, les neiges, le destin le permettront. Le fatalisme... » (*MV,* 19–20).

On retrouve ici la genèse de plusieurs chronotopes repérables dans les romans makiniens, tels que ceux associés aux cimetières ou aux villages somnolents, où le temps semble figé à jamais et où l'énormité de l'espace rend toute action inutile. C'est la nature profonde du pays et son histoire qui marquent tous ces lieux de morbidité et de résignation. Les gens ne peuvent que végéter à la gare de l'Oural car le régime, hostile à toute initiative qui échappe à son contrôle, ne les laisse pas agir. Le narrateur se sert même d'un terme particulier pour décrire ce type humain – *homo sovieticus* – mot qui, comme une clef, « glisse dans toutes les serrures de la vie du pays » et « parvient à percer le secret de tous les destins » (*MV,* 22).

À la gare de l'Oural, le narrateur rencontre Alexeï Berg, un ancien musicien en début de carrière, forcé en 1941 par les autorités de fuir Moscou. Dans une pièce latérale de la gare, le narrateur découvre un piano à queue où Berg joue les mains suspendues au-dessus du clavier, s'autorisant de temps en temps à le toucher. Ces notes singulières attirent le narrateur. Lorsque le train arrive après une journée d'attente, Berg raconte dans le wagon son histoire au narrateur. Dénoncé pour s'être caché pendant la guerre sous la fausse identité d'un soldat mort, il a été envoyé dans un camp en Sibérie. Au moment de la rencontre en train, il rentre de la Sibérie à Moscou. Cette rencontre déclenche l'action du roman, mais on comprend que le train est ici une figure du destin, car l'histoire d'une vie se déploiera tout au long du voyage. Dans une perspective plus large, il s'agit aussi du destin collectif russe, car la musique jouée par Berg transcende l'atmosphère morose de la gare. Le pianiste révèle toutes les énergies latentes et longtemps réprimées des passagers massés à la gare, apparemment passifs et satisfaits de leur médiocre sort, mais gardant au fond d'eux-mêmes une âme « artiste » et une noblesse de caractère propre à leurs destins extraordinaires. Par ailleurs, dégager la valeur humaine des humbles gens et leur authenticité est une pratique constante dans toute l'œuvre makinienne.

Si les voyages, les trains et les gares constituent un chronotope important chez Makine, c'est qu'ils véhiculent un grand potentiel de rencontres de toute nature. Comme l'indique Bakhtine, la route (incluant le voyage, le train, la gare) est un lieu privilégié de rencontres imprévues, mais souvent décisives :

> Dans le roman, les rencontres se font, habituellement, « en route », lieu de choix des contacts fortuits. Sur la « grande route » se croisent au même point d'intersection spatio-temporel les voies d'une quantité de personnes appartenant à toutes les classes, situations, religions, nationalités et âges. Là peuvent se rencontrer par hasard des gens normalement séparés par une hiérarchie sociale, ou par l'espace, et peuvent naître toutes

sortes de contrastes, se heurter ou s'emmêler diverses destinées. Les séries des destins et de la vie de l'homme sous leur aspect spatio-temporel peuvent y connaître des combinaisons variées, compliquées et concrétisées par des *distances sociales*, ici dépassées. En ce point se nouent et s'accomplissent les événements […]. La route est particulièrement propre à la représentation d'un événement régi par le hasard (mais pour d'autres également) (*Esthétique et théorie* 385).

En effet, dans la plupart des romans makiniens des rencontres imprévues changent le parcours de la vie des héros. Il nous faut distinguer ici deux phénomènes : d'une part, des rencontres inopinées des personnages dissemblables au point de vue socioculturel, tels que Aliocha et Pachka dans *Le Testament français* ou Dmitri, le narrateur d'*Au temps du fleuve Amour*, et la belle Occidentale (il est significatif d'ailleurs que leur rencontre ait lieu dans un train) ; d'autre part, il faut souligner l'importance des rencontres dans un milieu étranger entre les personnages qui se ressemblent aussi bien au plan de leur statut social que de leur origine. On pense ici, par exemple, à la rencontre d'Alexandra et de Jacques Dorme, deux Français qui se retrouvent en pleine guerre en Union soviétique, et qui tombent amoureux l'un de l'autre.

Une métaphore corporelle : la Femme-Pays

Que les personnages se ressemblent ou non, il semble que dans tous ces cas de figure, la rencontre avec la femme ait une signification cruciale. À commencer par *Le Testament français* jusqu'à *La femme qui attendait*, les femmes remplissent les fonctions les plus significatives.

Ce sont des femmes fortes, résistantes et pourtant sensibles. Comme le remarque Katya von Knorring, elles sont à la fois « altruistes et courageuses » et « meurent pour les autres », mais elles sont en même temps « douées d'une tranquillité et d'une spiritualité réelles qui s'associent au silence, surtout au silence de la nature qui crée des moments mystiques » (77). Telle Pénélope, elles vivent souvent seules, abandonnées par les hommes morts à la guerre, partis ou perdus, qu'elles attendent ou dont elles gardent les souvenirs.

Les rencontres avec ces femmes correspondent à des moments de découverte, de révélation, voire d'épiphanie. Les femmes jouent d'habitude le rôle de guide, elles sont initiatrices à l'amour, à la sexualité, à la culture et à la nature. Elles sont presque toujours plus âgées que les héros makiniens, ce qui favorise leur rôle de formation ou d'initiation.

Un tel rôle est clairement visible dans *Au temps du fleuve Amour*. Pendant le retour en train de l'expédition vers l'Orient, le narrateur fait un rêve dans lequel le fleuve Amour trace une frontière symbolique. Dans le compartiment où voyagent les garçons, un vieux Chinois raconte des anecdotes désordonnées. Le narrateur Dmitri, las de l'écouter, s'endort et rêve d'une Occidentale qu'il rencontre dans un autre wagon. À un moment donné, le train traverse le fleuve Amour ; c'est le dégel des eaux. En le regardant, le héros pense aux films de propagande, dans lesquels la débâcle d'un fleuve symbolise toujours « la prise de conscience révolutionnaire du peuple » (*TFA*, 187). Dès lors, la traversée de l'Amour débouche sur une association forte : la belle Occidentale du train incarne un amour fou, déchaîné, que le jeune Dmitri avait pu voir dans les films avec Belmondo. Il comprend dès lors qu'un tel amour est possible et peut être vécu. Retourné dans le compartiment où dorment ses amis, Dmitri prend conscience qu'il se trouve en Asie. Or, le wagon de la belle femme à l'autre bout du train, a déjà passé le pont et se trouve de l'autre côté de l'Amour. Le garçon comprend que le fleuve creuse un fossé infranchissable entre le monde asiatique et le monde occidental, deux univers qui s'excluent : « Cette femme [...] c'était l'Occident que Belmondo nous avait fait découvrir. Mais [...] il a oublié de nous dire qu'il fallait choisir une fois pour toutes son wagon, qu'on ne pouvait pas être à la fois ici et là-bas [...] „Asie... Occident"... tout cela était donc un rêve » (*TFA*, 190–191).

Le mirage de la femme occidentale une fois brisé, le héros perçoit mieux les conflits entre sa nature russe et ses velléités « européennes ». Le fait que son wagon soit resté de l'autre côté du fleuve Amour accroît le sentiment qu'on ne peut jamais accéder à l'identité occidentale, que celle-ci préserve son altérité. L'écrivain reprend ici le motif par lequel il a commencé le récit sur la Sibérie : il s'agit de deux visions de l'amour qui séparent l'Asie et l'Occident, l'une où l'amour parait rude et sauvage, l'autre où il se donne pour sensuel et raffiné.

Chez Makine, il y a une autre figure féminine forte qui incarne la découverte de l'amour : c'est la prostituée rousse. On la voit dans *Au temps du fleuve Amour*, mais aussi dans *La musique d'une vie* (il est frappant que ces prostituées trouvent leurs clients à la gare). La prostituée apparaît sous plusieurs aspects : elle est à la fois une putain et une protectrice aux allures maternelles. Elle rencontre le héros-narrateur dans la pénombre de la gare et, le croyant plus âgé, consent à lui faire l'amour malgré un moment de réticence. L'attitude du héros envers la prostituée change aussi. Au début, il la traite sur un ton machiste comme un pur objet sexuel, puis elle lui apparaît comme un être cher et désirable. Dans *Au temps du fleuve Amour,* la prostituée russe incarne aussi une sexualité déchaînée et, du même coup, un foyer protecteur et l'amour maternel : « Il me sembla soudain qu'elle m'amenait dans une maison qui m'attendait depuis longtemps et qui était ma vraie maison, et que cette femme m'était l'être le plus proche. Un être que je retrouvais miraculeusement sous cette tempête de neige » (*TFA,* 73).

Dans le même roman, on voit également une jeune fille, une Nivkh, qui devient l'amante de Dmitri. La manière dont celui-ci en parle témoigne de la nature de leurs rapports : ce n'est pas une belle histoire d'amour, mais une liaison purement charnelle. C'est aussi un amour muet, car la Nivkh ne parle jamais (il y a d'ailleurs, chez Makine, d'autres femmes muettes, comme Anna mutilée qui ne peut pas parler ou la femme Balkare qu'on n'entend jamais parler dans *Requiem pour l'Est*). Mais ce qui est ici mis en scène, par le silence même de cette femme sibérienne, c'est une fois de plus l'impossibilité d'atteindre à l'idéal occidental :

> Mais cet amour était muet. Il se passait de mots. Il était impénétrable à la pensée. Et moi, j'avais déjà fait mon éducation européenne. J'avais déjà goûté à la terrible tentation occidentale du mot. „Ce qui n'est pas dit n'existe pas!" me soufflait cette voix tentatrice. Et que pouvais-je dire du visage au sourire bouddhique de ma Nivkh ? Comment pouvais-je penser cette fusion de notre désir, de la respiration puissante de la taïga, des flots de l'Oleï sans la diviser en mots ? Sans tuer leur vivante harmonie ?
>
> J'aspirais à une histoire d'amour. Dite avec la complexité des romans occidentaux. Je rêvais des aveux à bout de souffle, des lettres d'amour, des stratagèmes de la séduction, des affres de

jalousie, de l'intrigue. Je rêvais des „mots d'amour". Je rêvais des mots... (*TFA*, 235).

Autant la prostituée que la femme Nivkh incarnent la femme-nature. Ces femmes attirent les héros makiniens qui vivent des moments exceptionnels avec elles. Or, un autre type de femmes les fascine véritablement : la femme-culture, celle qui leur fait découvrir l'univers de la culture, leur transmet le savoir et l'éducation. Nous pensons ici à Charlotte du *Testament français* et à Alexandra de *La terre et le ciel de Jacques Dorme* qui réapparaît dans *Requiem pour l'Est*. Ces femmes, Françaises, sans être tout à fait parentes du héros, sont des grandes figures maternelles ou grand-maternelles. Leur apparition dans la vie du héros équivaut à la rencontre avec la France, sa langue et sa culture (elles sont parfois appelées « messagères » de la France). Avec elles, le héros se découvre *autre*, il perçoit son altérité nationale et culturelle.

C'est à travers ses rencontres avec ces femmes différentes que le héros construit son identité. Il assume et son côté de jeune sauvage (sa face « asiatique » qui connote la Nature), et cette partie de sa personnalité qui correspond à sa sensibilité et à sa fascination pour la culture (sa face « européenne » qui renvoie à la Culture).

Dans ce contexte, la rencontre avec Véra, l'héroïne de *La femme qui attendait,* se donne à lire comme exceptionnelle, car elle représente les deux pôles de l'identité dont il est question : la Nature et la Culture. Véra est institutrice à Mirnoïé, un village du Nord russe. Elle attend toujours l'homme dont elle était amoureuse à l'âge de seize ans, qui, depuis 1945, n'est jamais revenu du front. Ne s'étant jamais liée avec aucun autre homme, Véra est admirée, voire vénérée par tous pour sa persévérance. Elle refuse de vivre avec Otar, l'un des hommes du village, qui se dit prêt à partir si l'« autre » revenait. Entre Véra et le narrateur se noue une relation émotionnelle et sensuelle. Un jour, la femme qui a attendu trente ans l'homme de sa vie, finit par se donner au narrateur, deux fois plus jeune qu'elle.

À l'instar de Pénélope, Véra incarne l'amour, la fidélité, le sacrifice. Elle passe sa vie à s'occuper de vieilles femmes de Mirnoïé. À première vue, il semble qu'elle n'ait jamais quitté le village. Pourtant, l'on apprend qu'elle avait fait des études de linguistique dans une école supérieure de Leningrad et qu'elle avait presque terminé une thèse. Elle est quand même rentrée sans regret et de manière « naturelle » au village : « Je suis venue à Mirnoïé pour... enterrer ma mère. Je pensais rester neuf jours, comme la tradition l'exige, semble-t-il, puis quarante. Et de fil en aiguille... Surtout certaines vieilles étaient déjà là, à peine plus vaillantes que ma mère qui venait de mourir. Non, il n'y a eu aucun regret, aucun tiraillement. Je comprenais que ma place était là, c'est tout. Ou plutôt, je n'y pensais même pas. J'ai recommencé à vivre » (*FA*, 116).

Ce retour à la nature, à « sa place dans la vie », est significatif dans la mesure où les femmes chez Makine sont liées fortement au foyer familial. L'univers makinien est peuplé de ces êtres solitaires, hommes et femmes, mais dans ce monde sans familles, les femmes représentent toujours l'endurance. Ce sont les personnages les plus forts qui n'hésitent jamais à agir dans des situations dangereuses ; en même temps, il semble que leur rôle principal consiste à fonder la maison et à la remplir de chaleur et d'atmosphère bienveillante[4]. Ce sont aussi des femmes douées de grandes valeurs morales et de courage.

---

[4] Comme l'indique Katya von Knorring, la femme espionne du *Requiem pour l'Est* refuse le rôle de la femme au foyer et le bonheur du couple est interrompu (77).

D'habitude, les héroïnes de Makine ont une origine secrète, mystérieuse, ou au moins surprenante. Charlotte et Alexandra sont des Françaises, mais elles vivent en Russie la vie de tout le monde. Véra est une ancienne intellectuelle léningradoise, Anna du *Requiem pour l'Est* est une bourgeoise de St. Petersbourg, et la femme espionne du même livre est à moitié allemande. Ces origines, ignorées par d'autres protagonistes, différencient certaines d'elles de leur entourage et suscitent des interrogations quant à leur appartenance. Dans un sens large, on peut dire que les romans makiniens font éloge de la féminité et rendent hommage aux femmes. La rencontre avec la femme laisse toujours une empreinte profonde sur les personnages de jeunes hommes car les femmes les font entrer dans une étape décisive ou dans une sphère nouvelle de leur vie. Enfin, nous l'avons déjà observé, le statut fictif de la femme chez Makine reste en rapport étroit avec un espace national. La femme est un référent mythique, elle figure souvent la femme-pays. Aussi, si certaines héroïnes, comme Charlotte, Alexandra ou Olga, sont des incarnations de la France, d'autres incarnent la Russie. C'est le cas d'Anna, la Balkare, ou de la femme espionne du *Requiem pour l'Est*. À travers ces femmes Makine nous livre l'image de la violence des régimes successifs en Russie qui a forcé tout un pan de la population à vivre dans la peur.

L'exotisme comme enjeu interculturel

Dans la prose de Makine, on retrouve le motif récurrent de la femme qui est à la fois mère et maîtresse, une « belle étrangère ». C'est, par exemple, Charlotte ou Alexandra, figures de la femme tutélaire, initiatrice à la langue et à la culture française, à l'amour et à la vie. De l'autre côté, on trouve aussi chez lui certaines images de l'espace qui semblent à première vue stéréotypées, telles la Sibérie engourdie sous la neige, les vastes étendues des steppes ou même la maternelle isba russe. Les romans de Makine soulèvent plusieurs questions relatives au discours figé, aux lieux communs et aux stéréotypes. On pourrait se demander à ce propos dans quelle mesure la représentation de l'espace-temps (géographique, national) est stéréotypée[5], répondant à des idées préconçues, ou, au contraire, réfléchir sur ce qu'elle a d'original, proprement « makinien ».

Nous avons dit que les images de la Russie et de la France chez Makine ont un caractère autant référentiel qu'intertextuel, « livresque », correspondant à certains schèmes culturels préexistants. A ce propos, on pourrait parler, par exemple, de l'image de l'Est russe. Le romancier met en relief la distinction entre l'Est et l'Ouest (l'Asie et l'Europe) selon la perspective européenne. L'attitude européenne envers l'Orient est ambiguë : d'un côté, elle exprime un certain mépris vis-à-vis de ce qui est déjà connu, de l'autre, l'émerveillement ou, au contraire, l'horreur devant ce qui est différent et inconnu. Nous avons déjà évoqué les images récurrentes des énormes étendues vides, fatales et pétrifiantes. Ce répertoire d'images constitue un *topos* exotique, à la fois terrifiant et attirant, de la Sibérie, pays des neiges éternelles. Dans *Au temps du fleuve Amour,* en Sibérie profonde, entourée de « barbelés », de « taïga », balayée par « le souffle arctique », les êtres humains doivent lutter contre le climat, contre le gel et la glace. À ce paysage global, correspondant à l'imaginaire collectif, s'ajoutent d'autres motifs, tels que celui, récurrent, du linge qui, en hiver, se

---

[5] À propos de la représentation stéréotypée de la France voir Porra, *Un Russe.*

casse dans les mains des femmes[6], ou celui du lait gelé en forme de bloc que les gens achètent en hiver.

Pour le lecteur français, ces *loci communes* de la Sibérie relèvent d'un exotisme qui joue une fonction précise dans le récit. Il s'agit de ramener l'autre à soi. L'image exotique n'est pas porteuse de vérité et se compose souvent de simplifications. D'après Tzvetan Todorov, l'exotisme implique toujours une attirance pour certains traits au détriment des autres, et ces traits s'organisent d'habitude en oppositions binaires, telles que la simplicité et la complexité, la nature et l'art, l'origine et le progrès, la sauvagerie et la socialité, la spontanéité et les lumières. Comme le souligne le critique, « Les meilleurs candidats au rôle d'idéal exotique sont les peuples et les cultures les plus éloignés et les plus ignorés » (Todorov, *Nous et les autres* 298).

Or, il semble que Makine ait besoin de l'exotisme en tant que « passeur » entre les cultures. Dans son cas, en effet, au lieu des images stéréotypées, il faudrait parler plutôt des images exotiques en tant que *topoï*[7], des représentations de thèmes et d'images admises dans une culture donnée et indispensables à la cognition, même s'ils entraînent une simplification et une généralisation parfois excessive. Chez Makine, les représentations de l'espace russe ou de certains aspects de la vie en Russie possèdent souvent le statut de *topoï*. Des étendues vastes et neigeuses de la Sibérie, des steppes sans limites ou la taïga impénétrable, ou bien encore des représentations de la France comme précieuse « carte du tendre » –, autant d'éléments qui constituent des représentations déjà

---

[6] « Tous ces draps figés, ces chemises aux manches dures comme du carton, ces chaussettes rigides cassées en deux […] (*CPD* 49).
[7] Selon Angenot, qui s'appuie sur les études d'Ernst Robert Curtius, « Les *topoï* sont certaines images-thèmes constituant des invariants conventionnels de certains genres » (Angenot 211).

sémiotisées dans la culture occidentale. En se servant de ces *topoï*, Makine offre, d'un côté, la vision d'un espace déjà codée selon des éléments reconnaissables pour les lecteurs, et de l'autre, il s'inscrit dans la tradition littéraire française et russe.

Nous avons déjà parlé des écrivains russes (Tchékhov, Bounine, Pouchkine) et français (Hugo, Musset, Proust) qui ont nourri l'écriture makinienne autant au plan thématique que stylistique. Ajoutons à cela quelques autres *topoï* fréquents chez Makine qui nous semblent propres à ces deux traditions littéraires. Il s'agit, par exemple, du *topos* de l'austérité de la nature, du fatalisme et de la résignation du peuple russe, des « questions maudites » de la russité, des figures de la mort dans la tradition littéraire russe. Quant à la tradition française, elle est présente chez Makine surtout par la réécriture (emprunts et reprises) de certains attributs et modèles de conduite, tels que l'amour sensuel, la courtoisie et l'élégance, ou encore l'« esprit français », visible à travers l'usage raffiné du langage.

Makine, bien qu'il utilise certains *topoï* perpétués par la tradition et l'imaginaire collectif, en entremêlant les images russes et françaises, est capable de créer des images originales, dotées d'une plasticité sémantique, comme, par exemple, celle de Neuilly sur Seine que les héros du *Testament français* imaginent à l'instar d'un village russe. Nous pensons que l'originalité de Makine réside en fait dans l'emploi même des modèles (énoncés et images) préexistant dans la littérature, où transparaît toujours un souci de communication culturelle – là où la Russie et la France, tout en absorbant des images et des schèmes discursifs plus ou moins figés (l'« Atlantide », « l'empire du mal »), signifient aussi un espace-temps authentique, fondé sur un humanisme profond (souffrance et courage individuel et collectif) et sur la complexité existentielle des hommes et femmes ordinaires.

Pour clore notre discussion sur les chronotopes, il faut parler également du chronotope de l'œuvre makinienne, c'est-à-dire du temps et de l'espace dans lesquels les romans de Makine ont été écrits. Il s'agit de se pencher non seulement sur le temps-espace dans l'œuvre, mais aussi sur le temps-espace *de* l'œuvre. Or, rappelons-le : entre 1990 et 2006, le romancier a publié dix romans au Seuil et au Mercure de France (dans ce travail nous en avons traité neuf en nous arrêtant à l'avant-dernier, *La femme qui attendait*, paru en 2004), ainsi qu'un essai, *Cette France qu'on oublie d'aimer*, paru chez Flammarion en 2006. Toute son œuvre a été écrite directement après l'immigration du romancier en France en 1987. En ce sens, la France de la période 1990–2006 constitue le chronotope de l'œuvre makinienne. Or, comme le dit Bakhtine, le chronotope de l'œuvre, appelé aussi « chronotope créateur », constitue un monde « unique, réel, inachevé, historique, séparé par une frontière brutale et rigoureuse *du monde représenté dans le texte* » (*Esthétique et théorie* 393, en italique dans le texte). Il est clair que plusieurs éléments de ce monde réel puissent trouver leurs équivalents dans le texte romanesque, mais, toujours selon Bakhtine, chaque romancier gère les événements qu'il représente fictivement dans ses romans « à partir de son époque contemporaine inachevée, dans toute sa complexité et son entité, se trouvant lui-même comme sur la tangente de l'actualité dont il donne l'image » (*Esthétique et théorie* 396).

Chez Makine, cette idée d'une contemporanéité inachevée qui donne prise au chronotope « créateur » trouve son sens aussi bien au plan géopolitique que littéraire. Dans toute son œuvre, le romancier ne cesse de se positionner par rapport aux processus historiques du

XXe siècle. Installé en France en 1987, il se réfère dans ses livres à cet espace-temps de sa vie qu'il connaît le mieux. Ce qui frappe à la lecture de ses romans, c'est qu'il écrit toujours sur la Russie, pays dans lequel il a vécu et dont il rêve depuis la France, mais aussi celui dont il a rêvé pendant toute son enfance et qui lui fut longtemps interdit de séjour. La situation réelle de Makine est, à cet égard, inverse de celle, fictive, de son héros. Car, comme on le voit dans *Cette France qu'on oublie d'aimer* (2006), la France d'aujourd'hui inspire peu l'auteur ; on comprend alors bien pourquoi il se tourne dans ses romans vers la Russie de son enfance et vers une France du passé. Mais, à cet égard, on peut se demander si Makine cultive un passéisme ou s'il opte plutôt pour la « contemporanéité inachevée ».

Nous avons vu que dans l'œuvre de Makine, les deux espaces qui sont siens, la France et la Russie, se rejoignent et leurs représentations s'influencent mutuellement. L'auteur représente ces univers le plus souvent du point de vue du héros-narrateur. Or, l'identité de celui-ci avec celle de l'auteur reste problématique ; comme le souligne Bakhtine, « le monde représenté ne peut jamais être identique, du point de vue spatio-temporel, au monde réel, *représentant*, celui où se trouve l'auteur qui a créé cette image » (*Esthétique et théorie* 396.) Pourtant, si une image fictive du monde spatiotemporel et l'image de l'auteur (contenue dans les personnages du narrateur ou du héros) se rapprochent, c'est que la première est une constante mise en scène de la seconde, et que par cette possibilité même de distanciation le lecteur est invité à adhérer à la vérité d'une vie.

Par ailleurs, le chronotope de l'œuvre makinienne est celui d'un migrant. Nous avons déjà parlé de la déception de notre auteur envers la France d'aujourd'hui, si bien visible dans *Cette France qu'on oublie d'aimer*. On en trouve aussi des échos dans certains de ses romans où le narrateur est un immigré russe établi en France. Dans *Confession d'un porte-drapeau déchu*, *Le Testament français*, ou *La terre et le ciel de Jacques Dorme*, la France comme espace d'immigration est représentée surtout à travers des descriptions dépréciatives des petites villes ou des banlieues défavorisées, habitées par des immigrés pauvres. Pourtant, dans son récent essai, Makine constate qu'il : « n'écrirai[t] pas ce livre s'[il] ne croyai[t] pas profondément à la vitalité de la France, à son avenir, à la capacité des Français de dire 'assez !' » (*Cette France* 102). Cet espoir a son origine dans l'admiration profonde de l'auteur envers le pays qu'il connaît si bien. Mais dans l'espace-temps contemporain de l'exil où Makine écrit ses livres, perdurent avant tout son attachement aux valeurs humanistes de la France et une véritable croyance en leur pérennité :

> Ne dérangeons pas l'ombre de Valéry, on sait déjà que les civilisations sont mortelles. Et pourtant « la France éternelle » n'est pas une hyperbole nationaliste. Ce sentiment de pérennité se perçoit dans les échos qui, durant notre existence fugace, relient notre présent au passé lointain d'un pays, de cette France dont nous sondons alors, avec émotion, l'histoire et la densité humaine. « Ainsi mourut sur les bords de la Meuse l'un des plus purs et des plus beaux soldats de la vieille France... », lisais-je, enfant, au milieu des neiges de la Russie. Plus de trente ans après, j'ai découvert un livre où, grâce à un dessin, j'apprenais la présence d'un jeune soldat français, le 9 mai 1940, sur les bords de la Meuse... Une multitude de liens, gravés ou légers, qui tissent la délicate tapisserie de la francité (*Cette France* 109–110).

Il nous faut aussi soulever quelques autres aspects importants : indépendamment du rapport étroit que Makine entretient avec la littérature française et la littérature russe classiques, ses romans s'inscrivent manifestement dans la littérature francophone contemporaine. Nous songeons surtout ici aux auteurs francophones immigrés, chez qui, à travers la langue française, d'autres cultures se révèlent et entrent en dialogue avec la culture française. Enfin, bien que le style et la structure narrative des romans de Makine paraissent plutôt classiques, on retrouve chez lui certains traits propres à l'esthétique postmoderne. Il s'agit, avant tout, du caractère autoréférentiel de ses romans où l'écrivain fait souvent allusion à son œuvre sous la forme de réécriture. Cette autoréférentialité renvoie bien sûr à l'autofiction, genre hybride, propre à la postmodernité, qui tend à mélanger la linéarité du récit et les formes narratives discontinues, voire éclatées.

Écrivain « migrant », Andreï Makine est aussi un écrivain de frontières. Dans sa prose, il se déplace sur la frontière géographique et culturelle (entre l'Est et l'Occident) aussi bien que langagière. Ce chronotope « de frontière » est essentiel pour tous ses romans, car c'est à la frontière que son héros rencontre l'*autre*, c'est entre les frontières (nationales, linguistiques et politiques) qu'il construit un univers interculturel nouveau ; c'est à la frontière enfin qu'apparaissent les tensions identitaires du sujet et que s'articule le processus de leur assomption par l'écriture. C'est grâce à ces phénomènes « frontaliers » qu'on peut appeler Makine un « écrivain du seuil » (Scheidhauer *Une plume* 125), celui pour qui l'éloignement de sa patrie, sa position « exotopique », excentrée par rapport à l'espace national, sont la condition même de l'écriture.

En effet, l'analyse des chronotopes que nous avons menée nous permet d'affirmer que tout chez Makine relève de cet éloignement, et que la distance entre la Russie et l'Occident, impossible à franchir, est au cœur de tensions identitaires dans ses romans. Il s'agit de la distance éprouvée par le héros à l'âge précoce (enfant et adolescent), mais aussi de celle qu'il vit comme adulte, en tant qu'immigré. L'hybridité identitaire, la distance maintenue à même le jeu entre divers espaces culturels et linguistiques, constituent le thème principal de l'écriture de Makine.

L'espace-temps chez Makine est un espace et un temps concret, enraciné dans un monde réel, cristallisé dans des expériences individuelles et collectives (historiques). Cette complexité spatiotemporelle, vécue comme réelle et filtrée par la conscience et par l'imagination créatrice de l'auteur, alimente l'œuvre de Makine en contenus essentiels. Aussi, pourrait-on dire que l'espace-temps sociohistorique et culturel, propre à l'Europe du XXe siècle, déchirée par les guerres et marquée au seau des totalitarismes, est le chronotope majeur de l'écriture makinienne.

Conclusion

Comme nous l'avons vu tout au long de notre étude, la quête identitaire d'un individu aux appartenances multiples marque tous les romans d'Andreï Makine. Les héros makiniens se sentent proches aussi bien de la culture russe qu'occidentale, mais ils sont contraints à vivre en Russie. D'où les difficultés qu'ils éprouvent à concilier les deux pôles de leur identité, russe et français. Il semble en effet qu'à travers le destin complexe de ses héros, l'écrivain révèle ses propres tensions identitaires. La distance entre la Russie et l'Occident, deux grands chronotopes de l'univers romanesque de Makine, est assurément à la source de son écriture. Aussi, tous les enjeux du récit makinien – action, lieux, trame narrative, expériences essentielles des personnages – ont un caractère spatiotemporel ; tout s'y joue entre l'écart objectif (géo-politique) et un fantasme d'intégration de ces deux univers géographiques et culturels distincts. Ce tiraillement constant entre les appartenances et les cultures débouche souvent sur les frustrations éprouvées par les héros-narrateurs qu'ils essaient de compenser par des jeux avec les langues et la mémoire, afin de retrouver leur équilibre psycho-existentiel.

Le travail sur la langue (avec ses effets d'hybridité) et le travail de la mémoire (avec ses effets de brouillage) constituent chez Makine le moyen privilégié pour explorer la question de la dualité identitaire. La mise en scène des différents éléments linguistiques, diverses mémoires (familiale, générationnelle, collective, culturelle) et des espaces-temps pluriels qui instaurent un réseau de sens interne, aboutit à la création d'un univers romanesque complexe et original. Car les va-et-vient entre la langue et la culture françaises et russes, entre le passé et le présent, entre la Culture et la Nature, ne sont jamais perçus chez

Makine par un regard rassembleur, mais s'opèrent toujours dans une zone de négociations, dans un espace de circulation des identités hétérogènes.

Au niveau de la langue, il s'agit d'imaginer la coexistence, problématique et jamais harmonieuse, de deux langues qui renvoient à des réalités différentes. Pour les héros makiniens, comme pour Makine lui-même, le français représente l'ouverture sur le monde. Non seulement il libère symboliquement de l'univers soviétique clos par le rideau de fer et opprimant l'individu, mais il possède aussi la capacité de transmettre des contenus – images, sens et valeurs – qui contribuent au développement de la personnalité de ces héros. La langue française constitue donc à la fois un patrimoine culturel en soi et un moyen de se l'approprier, un « art de vivre » à assumer. Il n'est donc pas étonnant que, tout comme Makine lui-même, la plupart de ses héros investissent le français d'une grande charge affective et émotionnelle.

Cependant, ce français « adoptif », car aucun des héros-narrateur makiniens n'est français de naissance, est toujours *alimenté* par le russe. Comme nous l'avons vu dans notre premier chapitre, les deux langues se partagent certaines fonctions (véhiculaire, vernaculaire, référentiaire, mythique) qui ne sont pas des alternatives. Bien au contraire : le statut des langues reste ambigu et flottant, car celles-ci interagissent et s'enchevêtrent tantôt explicitement, tantôt sur un mode imaginaire. Parfois, tel mot russe, telle expression française qui transparaît sous l'autre langue, acquiert une signification nouvelle ou produit un effet de sens inédit. Dans l'œuvre makinienne, ces manifestations de l'hybridité linguistique et culturelle s'effectuent également au niveau intertextuel : les citations effectives ou les allusions et les références plus ou moins voilées aux œuvres littéraires russes et françaises permettent d'observer la situation *exotopique* de la fiction, là où l'une des cultures apparaît en contrepoint à l'autre. Ainsi, par analogie au dédoublement identitaire des héros-narrateurs, le mélange des langues (leur « déterritorialisation » ou leur « reterritorialisation »), la stylisation de la parole *autre*, l'intertextualité explicite ou implicite, sont tous des facteurs puissants qui contribuent à la création d'un espace tiers, interculturel. Toutefois, nous l'avons souligné à plusieurs reprises, pour cerner son identité fuyante et problématique, le héros-narrateur makinien se cherche toujours une filiation, une origine. La nature ambiguë de cette origine est un problème à la fois d'ordre existentiel et proprement esthétique. Le narrateur, toujours en quête d'une appartenance univoque, d'un ancrage identitaire, compose des récits de vie, susceptibles d'englober son passé individuel. Or, ce passé ne lui est accessible que sous forme de bribes, de traces, de fragments éparpillés. La forme éclatée du récit de vie et le recours à un matériau biographique disséminé dans le tissu narratif, lui permettent malgré tout d'imaginer une histoire familiale qui lui manque, et de retracer, selon une cohérence toute imaginaire, le chemin des transformations successives de son identité.

Une telle représentation des différences (des « je » multiples) est possible grâce à la figuration du narrateur makinien comme écrivain : un écrivain fictif en train d'écrire, placé en situation d'écriture et qui, par conséquent, crée un récit autoréférentiel, une métafiction où le contexte de la production du roman reste dévoilé par le discours narratif. Dans une œuvre romanesque, cette position qui déconstruit l'illusion référentielle, autorise l'écrivain à traiter librement tous les éléments auxquels ses narrateurs s'identifient : de simples objets qui déclenchent des souvenirs jusqu'à l'histoire collective, en passant par la biographie individuelle de l'auteur.

Pourtant, chez Makine, la fictionnalisation de son matériau biographique n'est jamais un jeu gratuit ou une manipulation purement formelle. Car par le recours à l'autofiction, l'écrivain offre des *variations* sur son destin, ce qui lui permet de donner, à travers une série de scénarios biographiques possibles, une certaine cohérence à son histoire personnelle. Il en résulte un dispositif narratif polysémique, plein de contradictions, où se rencontrent ce qui est vraisemblable (crédible au plan biographique) et ce qui y est imaginaire (imprévisible), le « propre » et l'« étranger ».

On peut dire en effet que pour Makine, faire usage de l'autofiction consiste à reconnaître l'*autre* en soi. Chez notre auteur, assumer cette altérité est un défi important dans la mesure où l'*autre* incarne d'habitude la part non acceptée du héros. La rencontre avec l'*autre* est souvent éprouvée au début de l'histoire racontée comme un affrontement et comme un dépaysement irrémédiable, mais au fil du récit s'opère une sorte d'accommodement qui permet au héros d'accepter sa dualité identitaire. Dès lors, celle-ci n'est pas uniquement perceptible sur un mode subjectif et individuel, mais dans un cadre mémoriel plus large qui englobe l'histoire familiale, générationnelle ou nationale.

Nous avons vu dans notre second chapitre combien chez Makine la vision de l'histoire collective russe dépend de l'élaboration d'une histoire privée, intime et personnelle. L'histoire nationale n'y existe presque jamais en tant que telle. Elle n'est pas déterminée par les dates ni les événements réels, mais elle nous parvient toujours filtrée par la conscience de l'auteur et dépend du récit qu'il en fait. En ce sens, elle subit des déformations, des transfigurations dues à l'oubli, à l'imagination ou tout simplement à l'usure du temps. Il en va de même avec la gestion du passé par la mémoire de l'écrivain. À première vue, le rapport de ses héros-narrateurs envers le passé russe et français apparaît comme nostalgique. Mais la nostalgie chez Makine est toujours doublée de mélancolie. Car sa mémoire est « proustienne », affective, associative, au-delà de tout enchaînement causal, de toute visée à l'objectivité qui impliquerait une commémoration du passé. Le passé, s'il est porteur de la « francité » ou de la « russité », est toujours réapproprié de manière subjective et émotionnelle ; il s'offre comme un réservoir d'éléments disparates (anecdotes, images, photos, lectures, récits oraux, souvenirs de gestes). C'est de cette façon fragmentaire, approximative et tâtonnante, que la mémoire interculturelle de l'écrivain aide son narrateur à reconstituer ses liens avec la France et la Russie et d'assumer sa double appartenance.

Nous avons observé également que chez Makine, la construction de l'espace-temps romanesque est fondée sur l'interaction de deux univers culturels : le héros enfant rêve de l'Occident tout en restant dans sa patrie, tandis que ce même héros devenu adulte, émigré en Occident, cultive des souvenirs nostalgiques de sa Russie natale. Dans les deux cas, la réalité ambiante ne le satisfait pas, tandis que l'univers rêvé et reconstitué par la mémoire est idéalisé, voire mythifié. Le récit makinien se situe ainsi dans un espace-temps mi-réel mi-onirique, au confluent des deux univers imaginaires, dans un entre-deux fictif où se côtoient le plus souvent la Russie et la France.

Comme nous l'avons vu dans notre troisième chapitre, dans l'univers de Makine les expériences fondamentales des héros sont toujours figurées par certains chronotopes, là où les événements (la temporalité du récit) se cristallisent dans l'espace (lieux et territoires habités ou traversées). Il s'agit ici aussi bien des espaces globaux (la Russie, la France) que des microterritoires (une isba, une maison familiale ou une cour d'immeuble). Certaines représentations spatiotemporelles (chronotopiques) jouent chez Makine un rôle figuratif particulier. Ainsi, le village apparaît comme un lieu d'enracinement à partir duquel les héros ressentent un attachement profond à leur territoire d'origine. La maison familiale, d'habitude située dans un village, leur offre une possibilité d'ouverture au monde, d'imaginer un ailleurs. En revanche, les villes – lieux de passage ou d'exil – sont plutôt marquées par des tensions et se définissent toujours par rapport à l'Occident. Tous ces lieux, même en apparence les plus figés (« protecteurs »), semblent reliés par une dynamique interne qui les transforme en des lieux de « passage », de la traversée des frontières géographiques et culturelles. Aussi, les motifs de voyage et de déplacement occupent-ils beaucoup de place dans les romans de Makine. L'attention que nous avons accordée au « chronotope de la route » (la gare, le train) s'explique par des rencontres multiples avec l'*autre*. Parmi ces rencontres, la plus importante semble être celle avec la femme. Le plus souvent, celle-ci offre au héros un point de vue différent sur sa vie – un regard français. Mais, à côté de ces femmes qui représentent la culture (l'Occident), il y a aussi des femmes qui représentent la nature, l'« âme russe », la persévérance, le sacrifice et l'humanisme. Enfin, on peut parler des femmes dont le statut identitaire demeure ambivalent et renvoie à l'identité incertaine des héros-narrateurs mêmes, avatars romanesques de Makine. Charlotte Lemonnier dans *Le testament français*, Alexandra dans *La terre et le ciel de Jacques Dorme*, Véra dans *La femme qui attendait* ne sont-elles pas des figures emblématiques de cette double appartenance ainsi que du croisement des langues et des cultures inscrit au cœur même des fictions makiniennes ?

Dans ses romans, Makine fait usage de certains *topoï* et des modèles préexistants dans la littérature occidentale, comme le topos de l'« Atlantide » ou celui de « l'immensité » de l'espace sibérien. Pourtant, à l'encontre de certains critiques qui associent ces *topoï* à des stéréotypes ou à des clichés discursifs, nous estimons que l'originalité de Makine consiste précisément à employer ces images déjà codées dans une visée de communication interculturelle entre l'auteur et ses lecteurs – là où elles gagnent de nouvelles significations par un jeu de perspectives, parfois ironique, qui transforme ce qui semble homogène et figé dans la culture en signes polysémiques (ainsi une « babouchka » en foulard peut se révéler une ancienne doctorante en linguistique, comme c'est le cas de Véra dans *La femme qui attendait*).

Relevons en fin de parcours un autre aspect important. Nous avons dit que l'espace-temps romanesque chez Makine renferme une image spéculaire de son espace réel. Malgré la déception de notre auteur envers la France d'aujourd'hui, il reste profondément attaché aux valeurs de la culture française. Il en parle dans son récent essai, *Cette France qu'on oublie d'aimer* (2006), où il se met en position d'avocat de la France en employant parfois des propos que l'on peut qualifier de francophiles à outrance. Or, il ne faut pas l'oublier : Makine est un exilé d'origine russe qui a trouvé en France un terrain particulièrement propice à sa carrière d'écrivain (le Prix Goncourt, le capital symbolique dans les médias et la large diffusion de ses œuvres). La mise en scène fictive de sa situation existentielle au pays d'accueil en fait certainement un écrivain « du seuil », de la frontière. Mais ce qui semble le définir le mieux, c'est sa situation d'écrivain « migrant », de « passeur » entre les cultures.

Cette position particulière de Makine nous permet d'affirmer que son attitude bienveillante et reconnaissante envers la langue et la culture françaises le met en opposition au nombre d'écrivains francophones postcoloniaux (Africains, Maghrébins et Antillais) qui perçoivent la langue et la culture française dans un contexte de la diglossie coloniale, comme une valeur imposée, propre à une politique d'assimilation. Or, la francophilie de Makine le rapproche davantage de ceux parmi les écrivains exilés en France qui viennent de pays de l'Europe non francophone, jamais colonisés par la France, tels Samuel Beckett, Romain Gary, Milan Kundera, Jorge Semprun et bien d'autres. Dans leurs cas, il s'agit chaque fois d'un choix fortement revendiqué d'une langue qui incarne pour eux la liberté créatrice, parfois les valeurs universelles, mais surtout la transgression des contraintes liées à l'usage d'une seule langue, perçue comme « périphérique » (le russe, le grec, le hongrois, le roumain, le tchèque, le gaélique, etc.).

À l'instar de Makine, ces écrivains européens francophones, intégrés aujourd'hui de gré ou de force dans le corpus littéraire français, constituent un défi pour une recherche à venir. D'abord à cause de leur esthétique originale, propre à la littérature migrante. Apparu au Québec dans les années 1980, le concept de « littérature migrante » désigne l'ensemble de la production littéraire écrite par des écrivains nés à l'étranger et implique un changement profond dans la manière de concevoir une littérature nationale. Une esthétique migrante, si elle renvoie et englobe l'expérience et la réalité même de l'immigration, indique surtout certains traits formels et certaines topiques, tels que l'exil (y compris l'exil intérieur), le déracinement, les troubles identitaires, le travail de la mémoire, aussi bien individuelle que collective, le choc des cultures, le métissage et l'hybridation (linguistiques et culturels) ainsi que la pratique de l'autofiction.

De ce point de vue proprement esthétique (et pas uniquement sociologique ou géographique), Andreï

Makine apparaît comme un « écrivain migrant » par excellence. Auteur à identité problématique, s'il ne cesse de réaliser le rêve français de son enfance, il met en œuvre dans son écriture tous les enjeux « migrants » mentionnés. Sa sensibilité aux différentes cultures qui fait partie intégrante de son esthétique romanesque, son souci d'éclairer et d'enrichir la sienne par celle qu'offre le pays d'accueil, ouvrent certainement à des interrogations sur le renouveau de la littérature française contemporaine. Ces interrogations sont également un défi à relever dans une recherche à venir sur le statut « migrant » des œuvres des écrivains francophones de l'Europe non francophone.

Bibliographie

Albert, Christine. *L'immigration dans le roman francophone contemporain.* Paris : Karthala, 2005.
Angenot, Marc. *Glossaire pratique de la critique contemporaine.* Québec : Hurtubise HMH, 1979.
Bakhtine, Michail. *Esthétique et théorie du roman.* Trad. Daria Olivier. Paris : Gallimard, 1978.
---. *Esthétique de la création verbale.* Trad. Alfreda Aucouturier. Paris : Gallimard, 1984.
Bellemare-Page, Stéphanie. « La littérature au temps de la post-mémoire : écriture et résilience chez Andreï Makine ». *Ecriture, mémoire, résilience.* Ed. par Christiane Kègle. *Etudes littéraires* 38.1 (2006) : 49–55.
Beniamino, Michel et Lise Gauvin, éd. *Vocabulaire des études francophones. Les concepts de base.* Coll. « Francophonie ». Limoges : Presses de l'Université de Limoges, 2005.
Bersani, Léo. « Déguisement du moi et art fragmentaire », *Recherche de Proust.* Ed. par Roland Barthes, Gérard Genette, Tzvetan Todorov et al. Paris : Seuil, 1980. 13-33.
Bonn, Charles. « Postcolonialisme et reconnaissance littéraire des textes francophones émergents : l'exemple de la littérature maghrébine et de la littérature issue de l'immigration ». *Littératures postcoloniales et francophonie.* Ed. par Jean Bessière et Jean-Marc Moura. Paris : Honoré Champion, 2001. 27-42.
Bounine, Ivan. *Le village.* trad. Maurice Parijanine. Paris : Stock, 1985.
---. « Rusia ». Trad. Irena Bajkowska. *Pamiętny bal i inne opowiadania.* Kraków : KAW, 1992, 148–156.
---. *La vie d'Arséniev. Jeunesse.* trad. Claire Hauchard. Paris : Bartillat, 1999.

Brincourt, André. *Langue française – terre d'accueil*. Monaco : Éditions du Rocher, 1997.

Clément, Murielle Lucie. « L'Entre-deux-mondes chez Andreï Makine ». *Interculturel Francophonies* 7 (2005) : 21-45.

---. « Aléas identitaires dans *Le Testament français* d'Andreï Makine ». *Dalhousie French Studies* 74-75 (2006) : 297-311.

Colonna, Vincent. *Autofiction et autres mythomanies littéraires*. Auch : Tristram, 2004.

Combe, Dominique. *Poétiques francophones*. coll. « Contours Littéraires ». Paris : Hachette, 1995.

Cordonier, Noël. « Deux modèles de réception de la *Trilogie* d'Agota Kristof ». *Langue de l'autre ou la double identité de l'écriture, Actes du colloque international de Tours (9-11 décembre 1999)*. Ed. par Jean-Pierre Castellani, Maria Rosa Chiapparo et Daniel Leuwers. Tours : Publications de l'Université François Rabelais, 2001 : 85–100.

---. « Imaginaire et poétique : l'entrée dans la langue française chez Hector Bianciotti et Andreï Makine ». *Cahiers francophones d'Europe centre-orientale*, 10 (2002) : 175–189.

Dällenbach, Lucien. *Le récit spéculaire, essai sur la mise en abyme*. Paris : Seuil, 1977.

Delbart, Anne-Rosine. *Les exilés du langage : un siècle d'écrivains venus d'ailleurs (1919–2000)*. Coll. « Francophonie ». Limoges : Presses de l'Université de Limoges, 2005.

----. « Le voyage à Paris, ou les chemins de l'Atlantide d'Andreï Makine ». *Paris en France et ailleurs, jadis et aujourd'hui*. Ed. par Ryszard Siwek. Kraków : Wydawnictwo Naukowe Akademii Pedagogicznej, 2000. 71–79.

Deleuze, Gilles et Félix Guattari. *Kafka. Pour une littérature mineure*. Paris : Les Éditions de Minuit, 1975.

---. *Capitalisme et schizophrénie*, t. II – *Mille Plateaux*. Paris : Minuit, 1980.

Dollé, Marie. *L'imaginaire des langues*. Paris : L'Harmattan, 2001.

Doubrovsky, Serge. *Autobiographiques : de Corneille à Sartre*. Paris : PUF, 1988.

Doubrovsky, Serge, Jacques Lecarme, et Philippe Lejeune, éd. *Autofictions & Cie*. RITM 6. Paris : Université Paris X, 1993.

Duras, Marguerite. « C'est moi, l'histoire ». *L'Amant*. Paris : Éditions de Minuit, 1984.

Flaubert, Gustave. *Madame Bovary*. Moscou : Éditions en langues étrangères, 1956.

Garnier, Xavier. « Les littératures francophones sont-elles mineures, déterritorialisées, rhizomatiques ? Réflexions sur l'application de quelques concepts deleuziens ». *Itinéraires et contacts de cultures* 30 (2002) : 97–102.

Gasparini, Philippe. *Est-il je ? Roman autobiographique et autofiction*. Paris : Seuil, 2004.

Gauvin, Lise. *Écrivain francophone à la croisée des langues. Entretiens*. Paris : Karthala, 1997.

---. « Écriture, surconscience et plurilinguisme : une poétique de l'errance ». *Francophonie et identités culturelles*. Ed. par Christine Albert. Paris : Karthala, 1999. 13–29.

---. *La fabrique de la langue*. Coll. « Points ». Paris : Seuil, 2004.

Genette, Gérard. *Palimpsestes. La Littérature au second degré*. Paris : Éditions du Seuil, 1992.

Gibeault, Stéphan. « Au-delà de l'amour ». *Spirale* 198 (2004) : 26–27.

Gobard, Henri. *L'Aliénation linguistique (Analyse tétraglossique)*. Paris : Flammarion, 1976.

Gourg, Marianne. « La problématique Russie/Occident dans l'oeuvre d'Andreï Makine ». *Revue d'Études Slaves,* LXX.I (1998) : 229–239.

Grandjean, Monique. « Makine face au Mystère : amour humain, amour divin dans *La Femme qui attendait* ». Ed. par Margaret Parry, Marie-Louise Sscheidhauer et Edward Welch. *Andreï Makine. Perspectives russes.* 91–99.

Guattari, Félix et Gilles Deleuze. *Kafka. Pour une littérature mineure.* Paris : Les Éditions de Minuit, 1975.

---. *Capitalisme et schizophrénie,* t. II – *Mille Plateaux.* Paris : Minuit, 1980.

Halbwachs, Maurice. *Les cadres sociaux de la mémoire.* Paris : Albin Michel, 2001.

Harel, Simon. *Les passages obligés de l'écriture migrante.* Montréal : XYZ, 2005.

Hubier, Sébastien. *Littératures intimes. Les expressions du moi, de l'autobiographie à l'autofiction.* Paris : Armand Colin/VUEF, 2003.

Huston, Nancy, et Leïla Sebbar. *Lettres parisiennes.* Paris : Flammarion, 1986.

Jongeneel, Els. « L'Histoire du côté de chez Proust : Andreï Makine, *Le Testament français* ». *Histoire, jeu, science dans l'aire de la littérature.* Ed. par S. Houppermans, P.-J. Smith et M. van Strien-Chardonneau. Amsterdam : Rodopi, 2002. 80–91.

Jouanny, Robert. S*ingularités francophones.* Paris : PUF, 2000.

Joubert, Jean-Louis, Jacques Lecarme, Eliane Tabone et Bruno Vercier. *Les Littératures francophones depuis 1945.* Paris : Bordas, 1986.

Joubert, Jean-Louis. *Les voleurs de langue. Traversée de la francophonie littéraire*. Paris : Philippe Rey, 2006.

Knorring von, Katya. « À la recherche d'Andreï Makine, ou un humanisme de la frontière : *Confession d'un porte-drapeau déchu* ». Ed. par Margaret Parry, Marie-Louise Scheidhauer, et Edward Welch. *Andreï Makine. La Rencontre de l'Est et de l'Ouest*. 67-71.

Kristeva, Julia. *Séméiotikè. Recherche pour une sémanalyse*. Paris : Seuil (1969) 1978.

---. *Étrangers à nous-mêmes*. Paris : Fayard, 1988.

Kundera, Milan. *L'Ignorance*. Paris : Gallimard, 2000.

Kwaterko, Józef. *Dialogi z Ameryką. O frankofońskiej literaturze w Québecu i na Karaibach*. Kraków : Universitas – Towarzystwo Autorów i Wydawców Prac Naukowych, 2003.

Lecarme, Jacques, Serge Doubrovsky et Philippe Lejeune, éd. *Autofictions & Cie*. RITM 6. Paris : Université Paris X, 1993.

Lecarme, Jacques, Jean-Louis Joubert, Eliane Tabone, et Bruno Vercier. *Les Littératures francophones depuis 1945*. Paris : Bordas, 1986.

Lecarme, Jacques et Eliane Lecarme-Tabone. *L'autobiographie*. Paris : Armand Colin, 1999.

Lejeune, Philippe. *Le pacte autobiographique*. Paris : Seuil, 1975.

---. « L'autobiographie à compte d'auteur ». *Récits de vie. Revue des sciences sociales* 191 (1983) : 125–134.

Lejeune, Philippe, Jacques Lecarme et Serge Doubrovsky, éd. *Autofictions & Cie*. RITM 6. Paris: Université Paris X, 1993.

Lis, Jerzy. *Obrzeża autobiografii. O współczesnym pisarstwie autofikcyjnym we Francji*. Poznań: Wydawnictwo Naukowe, 2006.

Lüsebrink, Hans-Jürgen. « De l'analyse de la réception littéraire à l'étude des transferts culturels ». *Discours social/Social Discours* 7.3–4 (1995) : 39–46.

Maalouf, Amin. *Les identités meurtrières*. Paris : Grasset & Fasquelle, 1998.

Makine, Andreï. *Confession d'un porte-drapeau déchu*. Coll. « Folio ». Paris : Gallimard, 1992.

---. *Cette France qu'on oublie d'aimer*. Coll. « Café Voltaire ». Paris : Flammarion, 2006.

---. *Le crime d'Olga Arbélina*. Coll. « Folio ». Paris : Mercure de France, 1998.

---. *La femme qui attendait*. Paris : Seuil, 2004.

---. *La fille d'un héros de l'Union soviétique*. Avec l'inscription : trad. du russe par Françoise Bour. Coll. « Folio ». Paris : Gallimard, 1990.

---. « Ivan Bounine et sa grammaire de la beauté ». Présentation. *La grammaire de l'amour*. Ivan Bounine. Trad. Anne F. Masurel. Pin-Balma : Sables, 1997.

---. *La Musique d'une vie*. Paris : Seuil, 2001.

---. « La question française ». *La Nouvelle Revue Française* 517 (1996) : 4–19.

---. « La prose d'Ivan Bunin : la poétique de la nostalgie ». *Revue d'Études Slaves*, LXIV.4 (1992) : 711–712.

---. *Requiem pour l'Est*. Paris : Mercure de France, 2000.

---. *Au temps du fleuve Amour*. Coll. « Folio ». Paris : Gallimard, 1994.

---. *La terre et le ciel de Jacques Dorme*. Paris : Mercure de France, 2003.

---. *Le Testament français*. Coll. « Folio ». Paris : Mercure de France, 1995.

Masłoń, Krzysztof. *Lekcja historii najnowszej*. Kraków : Wydawnictwo Literackie, 2003.

Mathieu, Martine, éd. *Littératures autobiographiques de la francophonie*. Paris : L'Harmattan, 1996.

Mitterand, Henri. *Le discours du roman*. Paris : PUF, 1986.

---, « Chronotopies romanesques : *Germinal* ». *Poétique* 81 (1990) : 89–104.

Moura, Jean-Marc. *Littératures francophones et théories postcoloniales*. Paris : PUF, 1999.

Nazarova, Nina. « L'Atlantide française et l'Atlantide russe d'Andreï Makine ». Ed. par Margaret Parry, Marie-Louise Scheidhauer, et Edward Welch. *Andreï Makine : La Rencontre de l'Est et de l'Ouest*. 55–64.

---. *Andreï Makine, deux facettes de son œuvre*. Paris-Budapest-Torino : L'Harmattan, 2005.

Nora, Pierre. Introduction. *Les lieux de mémoire*, éd. par Pierre Nora. Vol. 1. *La République*. Paris : Gallimard, 1984 : XVII-XLII.

Osmak, Galina. « *La Musique d'une vie* : le destin d'un *homo sovieticus* ». Ed. par Margaret Parry, Marie-Louise Scheidhauer, et Edward Welch. *Andreï Makine. Perspectives Russes.* 109–116.

---. « *Le Testament français,* portrait d'un narrateur entre deux mondes ». Ed. par Margaret Parry, Marie-Louise Scheidhauer, et Edward Welch. *Andreï Makine. La Rencontre de l'Est et de l'Ouest*. 37–43.

Pageaux, Daniel-Henri. Préface. *Emergences des francophonies. Israël, La Méditerranée, le monde*. Ed. par D. Mendelson. Coll. « Francophonies ». Limoges : Presses de l'Université de Limoges, 2002.

Parry, Margaret. « Instants perdus, instants éternels : Makine, le Proust russe de son temps ? ». Ed. par Margaret Parry, Marie-Louise Scheidhauer, et

Edward Welch. *Andreï Makine : La Rencontre de l'Est et de l'Ouest*. 103–113.

---. « Introduction ». Ed. par Margaret, Marie-Louise Scheidhauer et Edward Welch. *Andreï Makine : La Rencontre de l'Est et de l'Ouest*. 9–14.

Parry, Margaret, Marie-Louise Scheidhauer, et Edward Welch, éd. *Andreï Makine. Perspectives Russes. „Soil and Soul" dans le roman makinien*. Paris : l'Harmattan, 2005.

---. *Andreï Makine : La Rencontre de l'Est et de l'Ouest*. Paris : L'Harmattan, 2004

Porra, Véronique. « Quand les 'passeurs de langue' deviennent 'passeurs de culture'. Intégration des auteurs étrangers originaires d'espaces non francophones en France ». *Écrire en langues étrangères. Interférences de langues et de cultures dans le monde francophone*. Ed. par Robert Dion, Hans-Jürgen Lüsebrink, et Janos Riesz. Québec : Éditions Nota Bene, 2001. 129–151.

---. « *Langue française – langue d'adoption* ». *Discours et positionnements des romanciers originaires d'espaces non francophones dans le champ littéraire français, 1945–2002*. Thèse d'habilitation inédite. Sprach- und Literaturwissenschaft Fakultät der Universität Bayreuth, 2000.

---. « Un Russe en Atlantide. Andreï Makine, du discours littéraire à la citoyenneté ». *Français et Francophones*. Ed. par Janos Riesz et Véronique Porra. Coll. « Etudes Francophones de Bayreuth ». Bayreuth : Édition Schultz & Stellmacher, 1998. 67–85.

Pychowska, Joanna. « Le français et la culture francophone des écrivains d'origine slave écrivant en français ». *Cahiers francophones d'Europe centre-orientale* 10 (2002). Université de Leipzig : Universitäts Verlag. 155–162.

Rabau, Sophie, éd. *L'intertextualité*. Coll. « GF – Corpus ». Paris : Flammarion, 2003.

Ricœur, Paul. *Soi même comme un autre*. Paris : Seuil, 1990.

Robin, Régine. *Le roman mémoriel : de l'histoire à l'écriture du hors-lieu*. Longueil : Le Préambule, 1989.

---. « L'autofiction. Le sujet toujours en défaut ». *Autofictions & Cie*. RITM 6. Ed. par Serge Doubrovsky, Jacques Lecarme, et Philippe Lejeune. Paris : Université Paris X, 1993 : 73–86.

---. *Le Deuil de l'origine. Une langue en trop, la langue en moins*. Paris : Presses Universitaires de Vincennes, 1993.

---. *Le Golem de l'écriture. De l'autofiction au Cybersoi*. coll. « Théorie et Littérature ». Montréal : XYZ, 1997.

---. *Le naufrage du siècle* suivi de *Le cheval de Lénine ou l'Histoire autre*. Paris-Montréal : Berg International – XYZ éditeur, 1995.

Sadkowski, Piotr. « Autotematyzm i transtekstualność w powieściach inicjacyjnych Alberta Cohena, Andreïa Makine'a i Antoniego Libery ». *Z problemów prozy. Powieść inicjacyjna*. Ed. par Wojciech Gutowski et Ewa Owczarz. Toruń : Dom Wydawniczy Duet, 2003. 303–314.

Safran, Gabriella. « Andreï Makine, Gérard de Nerval, and the Language of Exile » http://clover.slavic.pitt.edu/~djb/aatseel/2000/abstract-34.html, consulté le 2 avril 2007.

Saïd, Edward. *L'Orientalisme. L'Orient créé par l'Occident*. Paris : Seuil, 2005.

Scheidhauer, Marie-Louise. « Ni d'Est, ni d'Ouest : au-delà de l'horizon ». Ed. par Margaret Parry,

Marie-Louise Scheidhauer, et Edward Welch. *Andreï Makine. La Rencontre de l'Est et de l'Ouest*. 91–101.

---. « Une plume française pour un sol russe dans *La Femme qui attendait* ». Ed. par Margaret Parry, Marie-Louise Scheidhauer, et Edward Welch. *Andreï Makine. Perspectives Russes*. 125–135.

Sebbar, Leïla et Nancy Huston. *Lettres parisiennes*. Paris : Flammarion, 1986.

Semprun, Jorge. *L'écriture ou la vie*. Paris : Gallimard, 1994.

Sibony, Daniel. *Entre-deux. L'origine en partage*. Paris : Seuil, 1991.

Sijie, Dai. *Balzac et la petite tailleuse chinoise*. Paris : Gallimard, 2000.

Simon, Sherry. *Le Trafic des langues. Traduction et culture dans la littérature québécoise*. Boréal : Québec 1994.

---. « La traduction qui tourne mal : le texte hybride ». *Écrire en langues étrangères. Interférences de langues et de cultures dans le monde francophone*. Ed. par Robert Dion, Hans-Jürgen Lüsebrink, et Janos Riesz. Québec : Éditions Nota Bene, 2001. 305–315.

Steiner, Georges. *Après Babel : une poétique du dire et de la traduction*. Coll. « Bibliothèque de l'évolution de l'humanité ». Paris : Albin Michel, 1998.

Tabone, Éliane, Jacques Lecarme, Jean-Louis Joubert, et Bruno Vercier. *Les Littératures francophones depuis 1945*. Paris : Bordas, 1986.

Thompson, Henry. « Jacques Dorme : héros de notre temps ». Ed. par Margaret Parry, Marie-Louise Scheidhauer, et Edward Welch. *Andreï Makine. Perspectives Russes*. 27–31.

Todorov, Tzvetan. *La conquête de l'Amérique. La question de l'autre.* Paris : Seuil, 1982.

---. *Nous et les autres. La réflexion française sur la diversité humaine.* Coll. « La couleur des idées ». Paris : Seuil, 1989.

Vercier, Bruno, Éliane Tabone, Jacques Lecarme et Jean-Louis Joubert. *Les Littératures francophones depuis 1945.* Paris : Bordas, 1986.

Vuillemin, Alain. « La pénétration de la langue française dans les pays de l'Europe centrale et orientale et du Sud-est européen ». *Nouvelles études francophones* 20.1 (2005) : 83–98.

Weisgerber, Jean. *L'espace romanesque.* Coll. « Bibliothèque de littérature comparée ». Lausanne : Éditions de l'Âge d'Homme, 1978.

Welch, Edward. « La séduction du voyage dans *Le Testament français* ». Ed. par Margaret Parry, Marie-Louise Scheidhauer, et Edward Welch. *Andreï Makine. La Rencontre de l'Est et de l'Ouest.* 17–24.

---. « Vers une lecture bakhtinienne de Makine ». Ed. par Margaret Parry, Marie-Louise Scheidhauer, et Edward Welch. *Andreï Makine. Perspectives Russes.* 117–123.

Zaleski, Marek. *Formy pamięci.* Gdańsk : słowo/obraz terytoria, 2004.

Index des noms

Albert, Christine	205
Alexakis, Vassilis	14
Alexandra (tzarine russe)	38, 141, 177
Angenot, Marc	221
Bakhtine, Mikhaïl	65, 67, 69, 154, 155, 156, 212, 223, 224
Balzac, Honoré de	57, 70, 76, 77
Barthes, Rolland	69
Beckett, Samuel	236
Bellemare-Page, Stéphanie	128
Belmondo, Jean-Paul	43, 44, 45, 46, 56, 57, 58, 147, 160, 161, 170, 175, 176, 181, 192, 214, 215
Beniamino, Michel	13
Bergson, Henri	73
Beria, Lavrenti	49, 91
Bernhardt, Sarah	141
Bersani, Léo	150
Bonaparte, Napoléon	15
Bounine, Ivan	78, 79, 80, 222
Brohant, Madeleine	41
Canetti, Elias	24
Casque d'or	38
Cioran, Emil	15, 36
Combe, Dominique	23
Curtius, Ernst Robert	221
Dällenbach, Lucien	106
Deleuze, Gilles	53, 191, 205
Dostoïevski, Fédor	78, 80, 81, 183
Doubrovsky, Serge	103
Dumas, Alexandre	57
Duras, Marguerite	86

Eliade, Mircea	15
Faure, Félix	20, 38, 120, 141
Flaubert, Gustave	57, 70, 74, 75, 77
Fondane, Benjamin	15
Freud, Sigmund	98, 114
Garnier, Xavier	54
Gary, Romain (Roman Kacew)	14, 24, 236
Gaulle, Charles de	42, 107, 145
Gautier, Théophile	70
Gauvin, Lise	33, 68
Genette, Gérard	69, 70
Gide, André	70
Gobard, Henri	27
Gogol, Nicolas	57, 78
Gourg, Marianne	77
Guattari, Félix	53, 191, 205
Harel, Simon	201
Heidegger, Martin	154
Hémon, Louis	60
Heredia, José Maria de	20, 70
Hirsch, Marianne	128
Horia, Vintila	15
Hubier, Sébastien	103
Hugo, Victor	40, 70, 222
Huston, Nancy	34
Ionesco, Eugène	15
Isabeu (de Bavière)	38
Istrati, Panaït	13, 15
Jouanny, Robert	12, 20
Kafka, Franz	53, 54, 205
Kant, Emmanuel	99
Knorring, Katya von	120, 214, 218
Kourouma, Ahmadou	54
Kristeva, Julia	69, 112, 114
Kristof, Agota	13, 14

Kundera, Milan	12, 13, 99
Labov, William	68
Leconte de Lisle, Charles	40
Lejeune, Philippe	100, 102, 103
Luca, Gherassim	15
Maalouf, Amin	31
Magris, Claudio	24
Makine, Andreï	9, 10, 11, 15, 16, 17, 19, 20, 21, 22, 23, 24, 25, 26, 28, 29, 31, 32, 33, 34, 36, 38, 46, 48, 49, 52, 53, 54, 55, 56, 59, 60, 63, 64, 66, 68, 69, 70, 72, 73, 74, 76, 77, 78, 79, 80, 81, 82, 83, 85, 87, 91, 93, 99, 100, 101, 102, 104, 105, 106, 107, 109, 110, 115, 118, 119, 120, 121, 124, 127, 128, 131, 133, 137, 139, 144, 146, 149, 150, 151, 153, 154, 156, 157, 158, 161, 167, 171, 173, 174, 175, 181, 189, 195, 196, 201, 203, 204, 205, 206, 207, 210, 212, 215, 216, 218, 219, 220, 221, 222, 223, 224, 225, 226, 227, 229, 230, 232, 233, 234, 235, 236, 237
Mammeri, Mouloud	60

Masłoń, Krzysztof	100, 102, 143
Maupassant, Guy de	20, 70
Melville, Herman	57
Milosz, Oskar	13
Moura, Jean-Marc	11
Musset, Alfred de	70, 222
Nazarova, Nina	149
Nerval, Gérard de	70, 73
Nicolas II	141, 143, 177
Nora, Pierre	144, 146
Otero, Caroline	38
Pageaux, Henri	12
Parry, Margaret	72
Porra, Véronique	14, 22, 220
Pouchkine, Alexandre	81, 222
Proust, Marcel	20, 55, 70, 71, 72, 73, 101, 132, 139, 140, 177, 222
Rabau, Sophie	69
Rétif de La Bretonne, Nicolas Edme	70
Ricœur, Paul	94, 132
Robin, Régine	86, 87, 103, 104, 106, 119, 132, 135
Rolland, Romain	57
Sade, Donatien Alphonse François de	70
Sadkowski, Piotr	106, 180
Sand, Georges	70
Scheidhauer, Louise	195, 226
Sebbar, Leïla	34
Semprun, Jorge	14, 236
Sibony, Daniel	32
Sijie, Dai	57
Socé, Osmane	60
Staline, Joseph	122, 171, 176
Steiner, Georges	24

Steinheil, Marguerite	38
Tchekhov, Anton	78, 81
Todorov, Tzvetan	142, 221
Tzara, Tristan	15
Weisgerber, Jean	154
Welch, Edward	206
Zaleski, Marek	99
Zinoviev, Grigoriy	80

Tables des matières

Introduction 9

La langue et ses représentations dans l'œuvre d'Andreï Makine... 19
L'adoption du français par Makine : une visée stratégique 19
Fonctions des langues et commutation des codes 25
Situation de l'entre-deux 31
La surconscience linguistique et l'imaginaire des langues 33
La déterritorialisation... 52
Traduction et autotraduction 60
Stylisation et hybridation de la parole 63
Les enjeux intertextuels : l'hypotexte français 69
Les enjeux intertextuels : l'hypotexte russe 78

La mémoire des origines chez Andreï Makine.........85
Besoin d'origine 85
L'identité narrative 93
Autobiographie ou autofiction ?................................. 98
Le rapport à l'altérité..110
Représentation de l'histoire nationale.......................118
Mémoire identitaire 132
Mémoire (inter)culturelle et intertextuelle................ 139

La représentation de l'espace-temps chez Andreï Makine 153
La géographie romanesque de Makine : les chronotopes globaux 156
Chronotope de la grande ville (Paris, Leningrad, Moscou) 174
Petites villes et villages..189

Oikos : *la maison familiale*......................................196
Voyages, trains et gares.................................…....203
Une métaphore corporelle : la Femme-Pays............. 213
L'exotisme comme enjeu interculturel.....................219

Conclusion...…...229

Bibliographie..239

Index de noms..….. 251

L'HARMATTAN, ITALIA
Via Degli Artisti 15 ; 10124 Torino

L'HARMATTAN HONGRIE
Könyvesbolt ; Kossuth L. u. 14-16
1053 Budapest

L'HARMATTAN BURKINA FASO
Rue 15.167 Route du Pô Patte d'oie
12 BP 226
Ouagadougou 12
(00226) 76 59 79 86

ESPACE L'HARMATTAN KINSHASA
Faculté des Sciences Sociales,
Politiques et Administratives
BP243, KIN XI ; Université de Kinshasa

L'HARMATTAN GUINEE
Almamya Rue KA 028
En face du restaurant le cèdre
OKB agency BP 3470 Conakry
(00224) 60 20 85 08
harmattanguinee@yahoo.fr

L'HARMATTAN COTE D'IVOIRE
M. Etien N'dah Ahmon
Résidence Karl / cité des arts
Abidjan-Cocody 03 BP 1588 Abidjan 03
(00225) 05 77 87 31

L'HARMATTAN MAURITANIE
Espace El Kettab du livre francophone
N° 472 avenue Palais des Congrès
BP 316 Nouakchott
(00222) 63 25 980

L'HARMATTAN CAMEROUN
BP 11486
(00237) 458 67 00
(00237) 976 61 66
harmattancam@yahoo.fr

589263 - Décembre 2014
Achevé d'imprimer par